酒店服务综合实训

吴金宸　胡钰凤　主　编
应叶燕　刘益妙　副主编

清华大学出版社
北京

内 容 简 介

本书根据酒店的三大核心部门,设置了前厅、客房、餐饮三大模块,每个模块分为操作技能和对客服务两项内容。根据每个岗位的典型工作内容,设置了 39 个任务,每个任务分别由任务目标、知识图谱、任务实施、任务评价、知识链接五部分构成。任务目标明确了任务学习目标和学习准备;知识图谱以图片和流程图的方式呈现知识要点,帮助学生初步感知任务内容;任务实施根据实训上课流程设置了任务分配表、物品领取单、梳理知识点、操作程序和标准等内容,实训过程清晰且易于操作;任务评价是根据操作程序和标准设置考核评分标准,让课堂实训效果更显现;知识链接的内容突出理论知识和行业发展新趋势,体现行业特色。同时,实操部分设置了配套的二维码视频,可以通过扫码学习操作技能点,从而更加直观地学习操作技能。

本书可作为职业旅游类专业学生的学习用书,也可作为酒店行业从业人员的参考用书。

图书在版编目 (CIP) 数据

酒店服务综合实训 / 吴金宸,胡钰凤主编.-- 北京:
清华大学出版社,2024.8. -- ISBN 978-7-302-67139-8

Ⅰ. F719.2

中国国家版本馆 CIP 数据核字第 2024BF5771 号

责任编辑:聂军来
封面设计:刘　键
责任校对:李　梅
责任印制:杨　艳

出版发行:清华大学出版社
　　　　网　　　址:https://www.tup.com.cn,https://www.wqxuetang.com
　　　　地　　　址:北京清华大学学研大厦 A 座　　　　　　邮　　编:100084
　　　　社 总 机:010-83470000　　　　　　　　　　　　邮　　购:010-62786544
　　　　投稿与读者服务:010-62776969,c-service@tup.tsinghua.edu.cn
　　　　质量反馈:010-62772015,zhiliang@tup.tsinghua.edu.cn
　　　　课件下载:https://www.tup.com.cn,010-83470410
印 装 者:三河市铭诚印务有限公司
经　　销:全国新华书店
开　　本:185mm×260mm　　　　印　　张:12.5　　　　字　　数:282 千字
版　　次:2024 年 9 月第 1 版　　　　　　　　　　　印　　次:2024 年 9 月第 1 次印刷
定　　价:55.00 元

产品编号:105449-01

本书编委会

主　　编：吴金宸　　胡钰凤

副主编：应叶燕　　刘益妙

参　　编：王焓裳　　吴　璇　　何丹江　　叶　琴

　　　　　江　天　　钭伟华　　杜　静　　叶丽萍

前　言

本书围绕职业教育发展的要求,紧跟行业发展趋势,采用活页式教材的形式,以酒店核心岗位的工作能力与典型工作任务为主线,突出岗位操作能力和职业素养的培养。本书围绕前厅、客房、餐饮三大部门的核心岗位,编写了操作技能和对客服务的课程内容,对接岗位操作技能和职业能力,突出对知识、能力和综合素养的培养。本书编写过程中,遵循"实用、规范、特色"原则,主要有以下 4 个特点。

(1) 体现"立德树人、德技并修"的职业教育目标,突出职业引导功能。学生通过学习本书可获得专业知识,树立正确的价值观、择业观,养成良好的职业道德行为,形成良好的职业规范。

(2) 采用活页的形式,顺应职业教育发展的要求。各项目内容既相互独立又有内在联系,方便拆解和个性化组合。同时可提升学生的学习效率。

(3) 融通"岗、课、赛、证",将内容与高星级酒店的岗位工作规范和标准、1＋X 证书要求、竞赛标准相结合,设计实训任务和实训评分标准,体现产教融合,对接职业标准和企业用人要求,提高人才培养质量。

(4) 创新编写体例和形式,以工作流程图、任务操作图等图表的方式呈现知识点与技能点,内容清晰直观,通俗易懂。同时,以学生的学习角度呈现相关知识,引导学生自主学习,提升学生的思考能力和学习能力。

本书由浙江省丽水市职业高级中学旅游专业教师团队编写。浙江省旅游专业特级教师、正高级讲师胡钰凤与丽水市教育教学研究院旅游教研员应叶燕负责审稿,吴金宸、刘益妙统稿。参加本书编写工作的还有王焓裳、吴璇、何丹江、叶琴、江天、钭伟华、杜静、叶丽萍。

本书在编写过程中得到了校企合作单位浙江万地旅游集团人力资源部经理陈洋洋,丽水万地集团温德姆至尊酒店、丽水宝廷酒店常务副总胡卿平等专家的指导与帮助。书中部分场景的拍摄在丽水宝廷酒店完成。

由于活页式教材形式尚处于探索之中,加之笔者水平有限,书中难免有疏漏和不足之处,诚恳希望广大读者不吝赐教。

酒店服务综合实训
课堂学习记录表.xlsx

编　者

2024 年 3 月

目　录

模块一　前厅模块

模块二　客房模块

模块三 餐饮模块

模块一

前厅模块

项目一

操作技能——前厅技能

项目目标

知识目标

（1）熟悉服务语言的类别及正确表述。

（2）能够根据场景正确使用服务语言。

（3）掌握酒店 PMS 系统的操作流程。

技能目标

（1）能够根据前厅服务人员仪容仪态的要求，规范自身的形象。

（2）能够在前厅的各类对客服务情境中使用正确的服务语言。

（3）能够独立操作酒店 PMS 系统。

素养目标

（1）拓宽岗位认知，提升对酒店工作的认同感。

（2）培养主动服务意识，养成热情、周到的职业习惯。

思政目标

（1）树立正确的职业道德观和职业规范意识。

（2）培养学生爱岗敬业、文明礼貌的职业素养。

知识导图

本项目知识导图如图 1-1 所示。

图　1-1

任务 1 ▶ 接待礼仪——仪容仪态

一、任务目标

（1）熟悉前厅部员工的仪容仪态要求。

（2）根据前厅部员工仪容仪态的评分标准进行自查自测。

（3）能够对不符合岗位要求的仪容仪态进行纠正和整改。

二、知识图谱

服务人员的仪容仪态是饭店服务质量的一项重要组成部分,更是代表了酒店的形象与声誉。注重仪容仪态是酒店员工的一项基本素质,只有注重仪容仪态,从个人形象上反映出良好的修养,才有可能受到宾客的称赞和尊重。

服务人员仪容仪表的基本要求如下。

（1）脊柱挺直,精神饱满,外露皮肤禁止出现文身(图 1-2)。

（2）姓名牌佩戴在左胸处,注意对正(图 1-3)。

（3）检查纽扣是否牢固,衣服是否有线头(图 1-4)。

图　1-2

图　1-3

图　1-4

（4）检查手部是否干净,指甲修剪整齐无饰品(图 1-5)。

（5）男员工头发干净,整洁,后不盖领、侧不盖耳(图 1-6)。

（6）女员工发色自然,短发前不盖眼,后不过肩(图 1-7)。

图　1-5

图　1-6

图　1-7

三、任务实施

（1）实训物品领取单

实训物品领取单如表 1-1 所示。

表 1-1

小组名称：			领取时间：
物品名称	数量	物品完好程度	备　　注
礼仪教室（场地）	1		
全身镜	1		
工牌	（各）1		
礼仪凳	10		
领取人：			归还时间：

（2）梳理服务人员的仪容仪态的要求

（3）根据仪容仪态的自查标准和流程开展实训

仪容仪态自查标准如表 1-2 所示。

表 1-2

项　目	操作及说明	要　求
准备工作	着工装，妆容符合岗位要求	（1）着装整齐； （2）妆容得体
发型	（1）男员工头发干净、整齐，着色自然，发型美观大方，头发长度后不盖领、侧不盖耳； （2）女员工发色为深色或黑色，长发盘好或用深色发卡束起，不得披肩和戴夸张的头饰，短发前不盖眼、后不过肩	（1）梳理整齐； （2）整洁大方
面容	（1）男员工不留胡须和长鬓角，不外露鼻毛； （2）女员工着淡妆，不可浓妆艳抹	干净整洁
着装	（1）检查服装是否符合岗位要求，是否熨烫平整，是否有开线，是否纽扣齐全，是否有污渍； （2）检查姓名牌是否佩戴在左胸处，是否对正；	（1）和谐得体； （2）岗位相配

续表

项 目	操作及说明	要 求
着装	(3) 男员工领带末端置于上腹处,不可低于皮带; (4) 前厅部员工一般穿黑色皮鞋,皮鞋尺码合适,保持清洁光亮。男员工穿深色袜,颜色与工服、工鞋匹配;女员工穿丝袜,颜色与工服、工鞋相匹配	(1) 和谐得体; (2) 岗位相配
手部	(1) 指甲修剪整齐,干净无污垢; (2) 女员工可涂淡色指甲油,不佩戴手链、手镯等饰物	干净清爽
整体	(1) 外露皮肤无文身; (2) 保持体味清新,无异味,若使用香水,选择气味清淡的即可	清爽整洁
坐姿	(1) 坐姿平稳端正,躯干直立,坐满椅子的1/2或1/3; (2) 双手放于膝盖上,男士双腿自然分开,与肩同宽;女士叠腿时双腿并拢或侧放; (3) 入座过程轻缓自然	(1) 仪态大方; (2) 端正自然
站姿	(1) 站姿端正、抬头、挺胸、收腹; (2) 站立平稳,重心不左右偏移,不摇晃身体; (3) 双臂自然下垂或双手交叠于身前虎口相握; (4) 男士脚位可与肩同宽;女士可采用小八字站姿	(1) 站立平稳; (2) 精神饱满
走姿	(1) 步距均等,步速均匀,步幅不宜过大; (2) 高跟鞋不得拖地行走,不得发出过大噪声; (3) 重心平稳,摆臂自然; (4) 不可过度扭胯摆臂,不可无故奔跑	(1) 从容平稳; (2) 自然轻捷
手势	(1) 欢迎来宾。多用横摆式手势,五指伸直并拢,手掌自然伸直,手心向上,肘作弯曲状,腕低于肘,通常用于"请""请进"等迎接来宾的场合; (2) 引导来宾。多用直臂式手势,五指伸直并拢,手心斜向上45°,曲肘并由腹前抬起,手指尖朝向指示方向,肘关节基本伸直;另一只手自然垂在身侧,常用于"请往前走""请看"等场合; (3) 递送物品。递接物品时应主动走近宾客,用双手为宜,将递送物品的正面对向宾客,方便宾客接拿,动作快出慢收;若递送带尖、带刃的物品,应将尖刃朝向自己或他处;递接证件时切忌手印遍布	(1) 手势正确; (2) 自然大方
表情	(1) 掌握微笑的时机,服务过程中主动微笑,表现出和蔼可亲的态度; (2) 目光注视对方,表示真诚与尊重	(1) 热情友好; (2) 有亲和力

小贴士:站是坐和行的基础,也是最基本的姿势,所以显得非常重要,应坚持练习。

四、任务评价

仪容仪态评价表如表 1-3 所示。

表 1-3

评价内容：对照评分表进行仪容仪态的自查　　　　　　被评价人：

项目	评价要求		权重	自评(Y/N)	他评(Y/N)
发型 (3分)	男士	(1) 后不盖领	1		
		(2) 侧不盖耳	1		
		(3) 干净、整齐，着色自然，发型美观大方	1		
	女士	(1) 后不过肩	1		
		(2) 前不盖眼	1		
		(3) 干净、整齐，着色自然，发型美观大方	1		
面容 (1分)	男士：不留胡须及长鬓角		1		
	女士：淡妆		1		
着装 (4分)	(1) 符合岗位要求，整齐干净、熨烫挺括		1		
	(2) 无破损、无丢扣		0.5		
	(3) 胸牌佩戴整齐，位置正确		0.5		
	(4) 皮鞋：擦拭光亮、无破损		1		
	(5) 袜子：男深色、女浅色		1		
手部 (1分)	干净		0.5		
	指甲修剪整齐，不涂有色指甲油		0.5		
站姿 (2分)	站姿端正平稳、双肩自然下垂		1		
	男士脚位与肩同宽，女士采用小八字形脚位		1		
坐姿 (3分)	坐姿平稳端正，坐满椅子的 1/2 或 2/3		1		
	(男)将双手平放在大腿上，双腿自然分开，与肩同宽；(女)将双手相握后放在大腿上，叠腿并拢或侧放		1		
	入座/离座：动作轻缓、自然大方、优雅		1		
走姿 (2分)	重心平稳，摆臂自然		1		
	步幅适度		0.5		
	步速均匀		0.5		
手势 (2分)	指示手势正确		1		
	指示自然大方		1		

续表

项目	评价要求	权重	自评(Y/N)	他评(Y/N)
表情 (2分)	注重礼节礼貌,面带微笑	2		
总 分 合 计		20		

总评:□优秀(17~20分)　　□良好(14~16分)　　□合格(11~14分)　　□待提升(10分以下)

教师评估 及意见	

五、知识链接 🔗

实训小技巧:贴墙法站姿训练

贴墙站,双脚并拢,双腿收紧,膝盖用力向后,双肩平行向后打开,脖子伸直,双手自然下垂。10分钟为一组,每天可进行2~3组。

任务2 ▶ 接待礼仪——服务语言

一、任务目标 🌐

(1)熟悉前厅接待礼仪中的服务语言类别及适用的场景。
(2)能够根据对客服务情境正确使用服务用语。

二、知识图谱 🎯

在酒店服务中,服务语言主要包括:有声语言、肢体语言、书面语言,其中有声语言是最主要的一种沟通方式,也就是狭义上的服务用语。在对客服务过程中,服务人员不仅要关注谈话的内容、措辞,还要注意言谈的技巧、场合,避免交谈的禁忌,结合无声胜有声的身体语言,进行有效沟通,让宾客释放情绪情感,使交流顺畅,达成更完美的服务。服务用语图谱如图1-8所示。

图 1-8

学习笔记

7

三、任务实施

（1）实训物品领取单
实训物品领取单如表1-4所示。

表 1-4

小组名称：			领取时间：
物品名称	数量	物品完好程度	备　注
文件夹	1		
纸、笔	若干		
领取人：			归还时间：

（2）请梳理酒店对客服务场景及对应的服务用语

（3）根据前厅接待中的服务用语应用开展实训
前厅接待中的服务用语实训如表1-5所示。

表 1-5

训练内容	操作说明	要　求
称呼语	（1）使用适当的称谓，用"先生/女士"来称呼宾客； （2）牢记宾客的姓氏，第二次见面时可以称呼宾客"××先生/女士"； （3）遇到有职位或有职称的先生/太太，可以冠以职位或职称，如"陈律师""李教授"等	（1）符合身份； （2）礼貌称呼
接待语	（1）问候。初次见面时，应热情主动地问候宾客"您好，我能为您做些什么"；送行时，可以说"您慢走，您请""欢迎下次光临"等；当宾客来到面前，应马上放下正在处理的文件，礼貌问候； （2）倾听。 　①宾客陈述时全神贯注倾听，与宾客进行目光接触； 　②不得顶撞宾客，说话声音温和，不可发出噪声，不得互相攀谈私事，不得争论，不得粗言秽语； 　③遇到宾客因对某事外行或不了解当地风情而出错时，不得取笑宾客	（1）用词恰当； （2）热情接待； （3）大方有礼
应答语	（1）听不清宾客提问时，应主动说"对不起，请您再说一遍好吗"；遇到问题不知如何作答时，应先致歉再查询说"请稍等，待我查一查以便回答您的问题"；宾客致谢后应回答"不客气，不用谢"。留心倾听宾客的问题，再作出清楚的解答，不得随意中断宾客的叙述；	（1）随听随答； （2）主动热情； （3）大方得体

续表

训练内容	操作说明	要　求
应答语	(2) 宾客的问询在自己职权范围之外,应主动帮助宾客进行相关联系后作应答,不得以"不知道"回答,甚至置之不理	(1) 随听随答; (2) 主动热情; (3) 大方得体
征询语	(1) 主动为宾客提供帮助时说"请问,有什么能帮您的吗? /请问您有什么需要吗? /我能为您做点什么吗?"; (2) 当宾客正忙碌中,但又需要找宾客时,需说"对不起,先生/小姐,打扰您一下可以吗?"; (3) 向宾客征求意见时说"请您对我们的服务多提宝贵意见"	(1) 面带微笑; (2) 语气亲切; (3) 礼貌大方
致歉语	(1) 因为工作人员的疏忽造成客人不满时说"请允许我代表酒店向您致以最诚挚的歉意""非常抱歉,因为我们工作失误给您带来困扰"; (2) 客人对酒店服务不满时应致歉说"十分遗憾没能给您留下最好的体验"	(1) 态度诚恳; (2) 语气委婉

四、任务评价

服务用语评价表如表1-6所示。

表　1-6

评价内容:能根据情境正确使用服务用语　　　　　　　　被评价人:

项　　目	评价要求	权重	自评(Y/N)	他评(Y/N)
准备工作(1分)	设计前厅服务情境任务,明确分工,准备模拟	1		
称呼语(2分)	根据宾客的身份、年龄进行适当称呼	1		
	态度友好,语气愉悦	1		
接待语(1分)	根据接待的场景(问候/接待/告别)进行礼貌对话	1		
应答语(2分)	根据宾客的需求提供相应的解决方案	1		
	态度诚恳,有耐心	1		
征询语(2分)	主动为宾客提供帮助	1		
	语气和蔼,面带微笑	1		
致歉语(2分)	根据情境致以歉意	1		
	态度诚恳,语言委婉	1		
总　分　合　计		10		

总评: □优秀(8~10分)　　□良好(7~8分)　　□合格(5~6分)　　□待提升(5分以下)

教师评估及意见	

五、知识链接

情境用语如表 1-7 所示。

表 1-7

序号	服 务 情 境	服 务 用 语
1	普通宾客要坐在贵宾休息处的沙发区时	先生对不起,里面的地毯、沙发刚清洗过,还未干,您可以坐外面的沙发区
2	外线电话询问住店宾客的房号时	很抱歉,我们不方便告诉您宾客的房间号,我可以为您留言吗?
3	宾客至前台投诉	我真的很能理解您的心情,请放心,我们一定会认真处理
4	暂时无法解决宾客问题	我们暂时无法解决这件事情,但我可以为您……我的建议是……
5	需要宾客等待	先生/小姐,请您稍等片刻,我马上为您查询

任务3 表单填写——酒店 PMS 系统

一、任务目标

(1)熟悉 PMS 系统、基础快捷操作和操作要点。

(2)能够操作酒店 PMS 系统,完成对客接待任务。

二、知识图谱

PMS,即 Property Management System,直译为物业管理系统。酒店 PMS 系统是一个以计算机为工具,对酒店进行信息管理和处理的人机综合系统。它不但可以准确、及时地反映酒店业务的当前状态、房源状态,还能快速实现从宾客预订入住到财务对账等一系列操作。

PMS 系统不但是一个用于数据统计的数据库,还能够提供各方面的报表,并利用数据进行统计分析,从而更有利于酒店的经营和管理。目前国内主要 PMS 系统有石基、绿云、西软等,国外主要有 Opera、Sabre 等。

三、任务实施

（1）实训物品领取单

实训物品领取单如表1-8所示。

表　1-8

小组名称：				领取时间：
物品名称	数量	物品完好程度		备　　注
计算机（带西软系统）	1			
纸、笔	若干			
领取人：				归还时间：

（2）打开PMS管理系统（西软系统），熟悉散客预订操作界面并记录常用快捷键

（3）根据PMS管理系统的操作程序开展实训

实训内容如表1-9所示。

表　1-9

步　骤	操作及说明			要　求
业务准备	做好业务操作的知识准备。 （1）了解宾客状态。 （2）宾客状态流转图。<table><tr><td>状态</td><td>状态含义</td><td>备注</td></tr><tr><td>R</td><td>预订状态</td><td rowspan="4">基本状态</td></tr><tr><td>I</td><td>当前在住</td></tr><tr><td>O</td><td>本日结账</td></tr><tr><td>D</td><td>昨日结账</td></tr><tr><td>N</td><td>应到未到被删的预订，即No Show</td><td rowspan="3">其他状态</td></tr><tr><td>S</td><td>临时挂账（退房未结账）</td></tr><tr><td>X</td><td>已被取消</td></tr></table>			（1）熟悉系统； （2）规范操作

学习笔记

步　骤	操作及说明	要　求
实训准备	$$X \quad S$$ $$\uparrow \quad \uparrow$$ $$R \rightarrow I \rightarrow O \rightarrow D$$ $$\downarrow$$ $$N$$ （3）快捷键操作如下。 ① 本日到达预订：Ctrl＋A； ② 实时房态图：F6； ③ 扫描身份证：Ctrl＋2； ④ 保存：Ctrl＋S/Alt＋S； ⑤ 切换界面：Alt＋Tab； ⑥ 查询操作日志：F2	（1）熟悉系统； （2）规范操作
预订	办理宾客预订程序如下。 新建宾客（以散客李先生为例）：预订→填写住店信息→完善宾客信息客户档案→分房→存盘。 进入系统后，按住 Ctrl＋N 组合键打开"新建预订窗口"，然后和宾客确认以下需填写信息。 住客姓名：李先生； 性　　　别：男； 国　　　籍：中国； 证　　　件：身份证及证件号码； 联系方式：139×××8901； 抵离日期：2023/04/27—2023/04/28； 入住天数：1 天； 房　　　型：豪华大床房； 房　　　数：1 间； 确认房价：500 元； 保留时间：当天 18：00； 付款方式：人民币现金	（1）礼貌问询； （2）认真填写； （3）程序规范； （4）复述核对
入住登记	查找宾客预订单→确定预订信息→选中房型并排房→录入身份证件→完善客户档案单击→录入押金→单击"入住"→制作房卡→存盘。 以散客李先生为例，办理宾客入住。 （1）进入系统后，按住 Ctrl＋A 组合键（本日预订）找到李先生的预订单。 （2）与李先生确认房间房型、天数及房价等预订信息。 （3）选中李先生所需房型，单击"排房"按钮，根据客房状态，选择对应可用房间，单击"确定"。 （4）单击住客信息，输入宾客证件类型，扫描录入身份证。 （5）填写宾客联系方式，完善客户档案并保存。 （6）收取押金：押金为"房费＋押金"。 ① 现金押金：在宾客账务主单→单击"入账"按钮→"入账"窗口输入现金代码及金额→开具现金押金单；	（1）礼貌问询； （2）耐心聆听； （3）准确填写； （4）程序规范； （5）复述核对

续表

步　骤	操作及说明	要　求
入住登记	② 信用卡预授:在宾客账务主单→单击"其他"→单击"信用"或按 Alt＋F3快捷键,打开"信用授权明细"窗口;选择"项目"(即信用卡类型),输入授权金额、卡号、授权号和单号→存盘; ③ 移动支付预授:在宾客账务主单→单击"其他"→单击"信用"或按 Alt＋F3快捷键,打开"信用授权明细"窗口;选择"项目"(即微信/支付宝类型),输入授权金额、授权号、单号→存盘。 (7) 打印出预订单,请宾客签字,核对宾客签名后,将宾客联交予宾客。 (8) 单击"入住"按钮,预订单转为入住单(R状态转为I状态)。 (9) 切换到发卡系统制作房卡(注意:房间号,入住天数)	(1) 礼貌问询; (2) 耐心聆听; (3) 准确填写; (4) 程序规范; (5) 复述核对

小贴士:收取押金时,尽量建议客人刷卡或手机支付,现金押金需要等候退房。

四、任务评价

酒店 PMS 系统操作评价表如表 1-10 所示。

表　1-10

评价内容:准确填写预订单和入住登记单　　　　　　　被评价人:

项　目	评 价 内 容	权重	自评(Y/N)	他评(Y/N)
准备工作	熟练掌握各种常用宾客状态的相关字母	1		
	熟练掌握基本快捷操作	1		
系统填写运根	用酒店 PMS 系统,新建宾客预订及入住窗口	1		
	根据表单内容礼貌询问,仔细填写系统中宾客需提供的信息	1		
	填写无错漏,并与宾客核对信息	1		
	掌握系统中不同押金的收取方法	1		
系统操作	操作程序合理、规范,系统录入无误	1		
归档整理	重新整理工作台面,表单资料归类存档	1		
操作时间	酒店 PMS 系统入住操作应在3～8分钟内完成	2		
	总 分 合 计	10		

总评:　□优秀(8～10分)　　□良好(7～8分)　　□合格(5～6分)　　□待提升(5分以下)

教师评估及意见	

五、知识链接

客房状态如表 1-11 所示。

表 1-11

客房状态	英　文	简称	含　义
走客房	Check Out	C/O	宾客已经结账并离开房间
住客房	Occupied	OCC	宾客正在住用的房间
空房	Vacant	V	前一晚没有宾客住宿的房间
维修房	Out Of Order	OOO	房间设施设备发生故障,暂不能出租
外宿房	Sleep Out Room	S/O	客房已被租用,但宾客昨夜未归
请勿打扰房	Do Not Disturb	DND	该房间的宾客不愿意受到任何打扰
贵宾房	Very Important Person	VIP	该房间的宾客是酒店的重要宾客
长住房	Long Staying Guest	LSG	长期由宾客包租的房间
请即打扫房	Make Up Room	MUR	宾客要求立即打扫的房间
准备退房	Expected Departure	E/D	宾客应在当天中午 12 点以前退房,但现在还未结账退房的房间
未清扫房	Vacant Dirty	VD	没有经过打扫的房间
已清扫房	Vacant Clean	VC	已经清扫完毕,可以重新出租的房间

对客服务——前厅服务

项目目标

知识目标

（1）掌握前厅预订、礼宾、总台、宾客关系等服务的工作内容、程序与要求。

（2）能够描述前厅各类对客服务的注意事项和操作细节。

技能目标

（1）能够根据操作规程完成预订、总台、礼宾、宾客关系等岗位的实践操作。

（2）通过实践练习，提升前厅各类对客服务的熟练度，提升应变能力和问题处理能力。

素养目标

（1）拓宽岗位认知，提升对酒店工作的认同感。

（2）培养主动服务意识，养成热情、周到的职业态度。

思政目标

（1）树立正确的职业道德观和职业规范意识。

（2）培养学生爱岗敬业、礼貌待客的职业素养。

知识导图

本项目知识导图如图 2-1 所示。

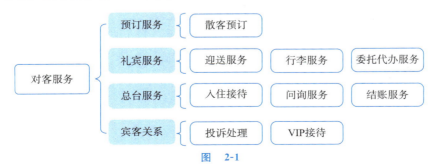

图　2-1

任务1 ▶ 预订服务——散客预订

客房预订是酒店的一项重要业务,一般在前厅部(或销售部)设有预订处,专门受理预订业务。酒店开展预订服务,既可以让宾客的住宿需求预先得到保证,又可以使酒店最大限度地利用客房资源,获得理想的客房出租率,提高酒店的收益。

一、任务目标

(1)掌握散客电话预订的服务程序。

(2)能够根据操作规程完成散客电话预订服务。

二、知识图谱

一般情况下,宾客订房的渠道主要分为直接渠道和间接渠道。

(1)直接渠道是指宾客不经过中介而直接与酒店预订处联系,办理订房手续。

(2)间接渠道则是由旅行社等中介机构代为办理订房手续。饭店的间接订房渠道主要有:旅行社订房、与饭店签订合同的企事业单位订房、政府机关或会议机构订房、连锁饭店或合作饭店订房、航空公司订房、网络平台订房。

宾客采用何种方式进行预订,受其预订的紧急程度和宾客预订设备条件的制约。因此,客房预订的方式多种多样,各有其不同的特点。通常,宾客采用的预订方式主要有:电话预订、互联网预订、邮件预订、传真预订等。

散客预订时的前厅服务流程如图2-2所示(以电话预订为例)。

图 2-2

三、任务实施

(1)任务分配表

任务分配如表2-1所示。

表　2-1

任务描述	李先生夫妻准备前往 L 市游玩,致电酒店预订客房,预订员为李先生提供预订服务。小组根据实训任务,查阅相关资料,梳理酒店客房的类型及适合的对象,创作情境对话,然后根据电话预订的流程和标准进行实践操作
组长	
组员	
任务分工	

（2）实训物品领取单

实训物品领取单如表 2-2 所示。

表　2-2

小组名称:			领取时间:	
物品名称	数量	物品完好程度	备　　注	
电话机	1			
计算机(带操作系统)	1			
预订单	1			
纸、笔	若干			
领取人:			归还时间:	

（3）梳理酒店客房的类型及适合对象

（4）创作散客电话预订的情境对话

（5）根据受理电话预订操作程序和标准开展实训

实训内容如表 2-3 所示。

表 2-3

步 骤	操作及说明	要 求
接听电话	（1）电话铃响 10 秒或三声内接起电话； （2）问候宾客"您好！××酒店预订处,请问有什么可以帮您的吗?"	（1）迅速接听； （2）主动问好
了解预订需求	（1）询问宾客预计抵店日期、所需房型、房间数量、预期逗留天数； （2）查看系统内房态表,确认是否可以满足宾客的订房要求	（1）询问到位； （2）操作规范
推荐客房	（1）根据宾客需要,针对性地介绍客房类型。在客房推荐上,一般采用房价由高到低的策略,高档、中档房先介绍房间再报价,低档房先报价后介绍房间。根据预设的权限打折,在特殊情况下可请示上级给予更大折扣； （2）如不能满足宾客的预订需求,需向宾客表示歉意,并提供多种选择方案： ① 将宾客列入等待名单； ② 推荐附近的同档次饭店	（1）表述流畅； （2）报价规范； （3）应对灵活
接受预订	适时发出受理宾客预订的请求,达成预订	掌握时机
询问宾客抵达情况	（1）询问宾客,乘坐的交通工具及时间等抵达情况,以便需要时酒店提供接机或接车服务； （2）向宾客说明房间的保留时间,或建议宾客做保证性预订	（1）询问到位； （2）陈述完整
询问付款方式	询问宾客付款方式,如移动支付、信用卡等,尽量让宾客落实保证性预订	
询问特殊要求	询问宾客是否有特殊要求,如房间位置、朝向、楼层、是否无烟等,详细记录并复述特殊要求	（1）询问到位； （2）及时记录； （3）表述流畅
询问预订人的相关信息	询问预订人姓名、联系电话等信息	
核对、确认预订	复述核对宾客的预订信息： （1）宾客姓名； （2）预计抵店时间、房间类型、数量、房价、预住日期等； （3）宾客的特殊要求； （4）付款方式； （5）酒店预订取消政策及其他相关规定	（1）信息完整； （2）表述流畅
完成预订	（1）向宾客致谢,恭候光临； （2）将宾客信息录入系统,将预订资料存档	（1）礼貌道别； （2）资料归档

小贴士：电话预订要特别注意运用声音技巧传递微笑与热情。询问宾客问题并得到宾客的答复后,一定要注意对此表示感谢。同时,在询问时,不宜同时询问两个以上的问题。

四、任务评价

电话预订实训评价表如表 2-4 所示。

表 2-4

评价内容:根据任务描述完成散客电话预订服务　　　　被评价人:

项目	评 价 要 求	权重	评价(Y/N)	他评(Y/N)
问候	及时接听,礼貌问候	1		
了解	询问宾客抵达日期	0.5		
	询问预住天数	0.5		
	询问人数	0.5		
	所需房型	0.5		
介绍	在计算机上查看房态	1		
	针对性地介绍饭店可出租客房类型	2		
	由高价向低价报房型、房价	1		
询问	询问宾客姓名	1		
	询问联系方式	1		
	询问宾客有无特殊要求	1		
	询问宾客付款方式	1		
	询问宾客抵达时间段	1		
确认	预抵达日期	1		
	所需房型、数量	1		
	房间价格	1		
	付款方式	1		
	宾客特殊要求	1		
综合	服务过程中,有三次以上用姓氏称呼宾客	1		
	操作娴熟,顺序正确,填写规范	1		
	精神饱满,表情自然大方,仪表仪容符合规范	1		
总 分 合 计		20		

总评:　□优秀(17～20分)　　□良好(14～16分)　　□合格(11～13分)　　□待提升(10分以下)

教师评估及意见	

五、知识链接

客房预订种类如表 2-5 所示。

表 2-5

预订种类	概　　念	确认形式	房间保留时间
临时性预订	宾客即将抵达酒店前,很短的时间内或在到达当天联系订房	口头确认	保留客房至 18:00
确认性预订	酒店与宾客之间就房价、付款方式、取消条款等声明达成了较成熟的意向,并经酒店书面形式确认	书面确认	保留客房至某一具体时间（一般是当天的 18:00）
保证性预订	宾客通过预付款、信用卡、合同等形式为其预订进行担保的订房形式。酒店在任何情况下都应保证落实该预订	书面确认	保留客房至次日中午 12:00

任务2 ▶ 礼宾服务——迎送服务

前厅礼宾部主要向宾客提供迎送服务、行李服务、委托代办以及其他服务。在宾客心目中,前厅礼宾服务是能够提供全方位"一条龙"服务的岗位。礼宾服务也逐渐成为高星级饭店特有的、显示其人性化服务特色的项目之一。

一、任务目标

（1）掌握迎送服务的程序和要求。

（2）能够根据操作规程完成迎接和送别服务。

二、知识图谱

迎宾员也称门童或门卫,是代表酒店在大门口迎送宾客的专门人员(图 2-3),他们象征着酒店的礼仪,代表了酒店的形象,所以通常身着高级华丽、标志醒目的制服。上岗时,他们着装整洁、精神饱满、动作迅速、姿势规范、语言标准。同时,主动、热情地创造一种真诚欢迎宾客的气氛,满足宾客受尊重的心理。

当汽车驶入,门童站立于汽车右前方并通过手势引导车辆停靠(图 2-4)。

车辆停下,门童主动为宾客打开车门,右手帮宾客护顶并问候(图 2-5)。

宾客下车,帮助宾客卸下后备厢所有行李,提醒宾客不要遗忘物品(图 2-6)。

图 2-3

图 2-4

图 2-5

图 2-6

挥手示意,引导车辆尽快驶离酒店大门,引导宾客进入酒店大堂(图 2-7)。

图 2-7

三、任务实施

(1)任务分配表

任务分配如表 2-6 所示。

表　2-6

任务描述	李先生乘车来到酒店门口,门童小王为其提供迎接服务。3天后,李先生离开酒店,门童小王为宾客提供送客服务。小组根据实训任务,查阅相关资料,梳理迎送服务注意事项,绘制迎送服务流程图,然后根据迎送服务流程和标准进行实践操作
组长	
组员	
任务分工	

（2）实训物品领取单

实训物品领取单如表 2-7 所示。

表　2-7

小组名称:			领取时间:
物品名称	数量	物品完好程度	备　　注
车辆（模拟）	1		
礼宾指引手势图	1		
领取人:			归还时间:

（3）梳理迎送服务的注意事项

_____

_____

_____

（4）绘制酒店宾客迎接、送别服务的流程图

（5）根据迎送宾客流程和标准开展实训——迎客服务

迎客服务实训如表 2-8 所示。

表　2-8

步　骤	操作及说明	要　求
迎客准备	(1) 着装、仪容仪表符合岗位要求； (2) 保持良好精神面貌； (3) 确认酒店门口安全、卫生、交通状况	(1) 着装规范； (2) 精神饱满； (3) 有序引导
引导停车	(1) 双目注视，面带微笑； (2) 站在车右前方； (3) 距离车 10m 时，伸出右手引导，使车辆分类停靠指定位置	
开门护顶	(1) 车停稳后，站于靠近车门轴一侧，用靠近门把手一侧的手将门打开，同时身体与车门同方向转动； (2) 将一只手置于车门框顶部内侧，为宾客护顶，提醒宾客当心头部； (3) 宾客下车后将车门关上，用力要适中，注意不能夹住宾客的衣物； (4) 如果乘客超过一位，先开右后门，再开右前门； (5) 遇到行动不便的残障人士、老人等，适当给予帮助	(1) 礼貌热情； (2) 顺序正确； (3) 动作规范； (4) 用语规范； (5) 及时提醒
问候提醒宾客	(1) 打开车门后及时问候宾客"您好，××先生/女士，欢迎光临××大酒店！"； (2) 提醒宾客注意车上有无遗留物品	
协助搬运行李	主动询问宾客车辆后备厢内有无行李，在行李员未能及时到场时，将行李从后备厢中拿出、清点	确认行李
引领宾客进入大堂	(1) 走在宾客左前方 1~2m 的距离处，引领宾客，遇到台阶或转弯处，提醒并指引宾客； (2) 与行李员做好行李交接	(1) 规范引领； (2) 做好交接
返回门岗	返回门岗	及时返岗

小贴士：为宾客开车门护顶时，左手将车门打开 70°左右，右手挡在车门框上方，防止宾客出现碰头的尴尬局面。注意遇到佛教徒、伊斯兰教徒、泰国宾客时，开车门不需要护顶。

（6）根据迎送宾客流程和标准开展实训——送客服务

送客服务实训如表 2-9 所示。

表　2-9

步　骤	操作及说明	要　求
礼貌问候	(1) 提醒宾客是否还有代办事项，提醒宾客确认行李物品； (2) 向宾客礼貌道别"再次感谢您选择入住我们酒店，期待您下次光临！"	(1) 提醒到位； (2) 礼貌道别
确认宾客用车需求	(1) 主动询问宾客是否有用车需求，询问清楚宾客前往的目的地、所需车辆类型、车费要求、人员数量等信息； (2) 根据宾客意愿安排车辆（通常为安排酒店车辆或出租车）； (3) 车辆到达后在指定位置停靠等待	(1) 询问到位； (2) 合理安排

步　骤	操作及说明	要　求
协助宾客行李装车	行李确认无误后,协助宾客行李装车	认真细致
引导宾客上车	(1) 逐一为宾客开车门、护顶,提醒宾客小心头部; (2) 宾客如果超过一位,应该先打开右后侧车门,再为宾客打开前侧车门; (3) 顾客坐稳后关车门,切忌车门夹住宾客的衣服、裙子等	操作规范
礼貌送客	(1) 门童站在车斜前方约1～2m的位置,引导车辆尽快驶离酒店,避免门口造成拥堵; (2) 向宾客挥手道别,祝愿宾客一路顺风,目送车辆离开,门童返回门岗继续工作	(1) 规范引导; (2) 礼貌送别

小贴士: 如果是团队宾客离开,不要让大型车辆长时间停在正门前,以防止影响其他车辆通行。

四、任务评价

迎客服务评价表如表2-10所示。

表 2-10

评价内容:为乘坐出租车到店的宾客提供迎客服务　　　　　　　被评价人:

项　目	评价要求	权重	评价(Y/NT)	他评(Y/NT)
迎接准备	着装整齐、仪容仪表规范	1		
	完成酒店门前安全检查、确认卫生状况良好	1		
引导停车	站位合理准确,引导手势标准	1		
开门护顶	及时为宾客开车门并护顶,动作到位	1		
	对需要照顾的宾客在下车时提供帮助	1		
问候提醒	规范使用问候语对宾客表示欢迎	1		
	做到有意识提醒宾客检查车上有无物品遗落	1		
协助搬运行李	协助行李员卸下客人行李	1		
引领宾客	在宾客侧前方两三步远处,引领宾客	1		
	与行李员完成宾客行李交接,及时返岗	1		
总 分 合 计		10		

总评: □优秀(9～10分)　　□良好(7～8分)　　□合格(5～6分)　　□待提升(5分以下)

教师评估及意见	

送客服务评价表如表2-11所示。

表　2-11

评价内容:为乘坐出租车离开的宾客提供送客服务　　　　被评价人:

项　目	评　价　要　求	权重	评价(Y/N)	他评(Y/N)
礼貌问候	礼貌问候,提醒宾客完成未办结事项	1		
安排用车	根据宾客用车需求安排车辆到达酒店门口等候	1		
行李装车	核对行李	1		
	帮助宾客将行李放置车辆后备厢	1		
引导上车	为宾客开车门、护顶,提醒宾客小心头部	1		
	多位宾客上车时,开门顺序正确	1		
	宾客坐稳后,提醒宾客将衣服、裙子整理好,避免被车门夹住	1		
礼貌送客	门童站位符合要求	1		
	规范、高效引导门口车辆驶离酒店	1		
	向宾客挥手道别,返回岗位	1		
总　分　合　计		10		

总评:　□优秀(9～10分)　　□良好(7～8分)　　□合格(5～6分)　　□待提升(5分以下)

教师评估及意见	

五、知识链接 🔗

理论小知识:门童的其他日常

(1)门前安全工作。门童应利用其特殊的工作岗位,做好酒店门前的安全保卫工作。注意门前来往行人,照看好客人的行李物品,确保酒店安全。

(2)调度门前交通。门童要掌握酒店门前交通、车辆出入以及停车场的情况,准确迅速地指示车辆停靠地点。大型车辆会阻挡门口,应引导车上乘客尽快上下车以便车辆驶离,或者直接引导大巴在酒店指定停车位上下客。

(3)回答宾客问询。礼貌回答宾客的问题,做到有问必答,言语亲切。门童要尽量扩展知识面,准确回答宾客提出的问题。

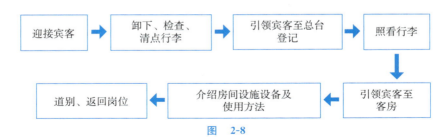

任务3 ▶ 礼宾服务——行李服务

一、任务目标

（1）掌握散客行李服务的程序及注意事项。

（2）能够根据操作规程完成散客行李服务。

二、知识图谱

酒店行李服务工作由前厅部行李员承担。他们通常站在大门入口处内侧的礼宾服务台，主要负责调度、搬运行李等服务工作。行李服务大致可以分为行李搬运和行李存取两部分。为了能做好行李服务及其他增值服务，要求行李员吃苦耐劳，做到眼勤、嘴勤、手勤，善于与人交往，熟悉宾客可能需要的问询服务内容和信息。在服务过程中，要注意确保宾客行李的安全，及时准确地帮助宾客把行李送到指定地点。行李领取、派送过程手续要清楚，登记要准确，严格遵守酒店相关制度及服务操作流程。

散客入住时的行李服务流程如图 2-8 所示。

迎接宾客 → 卸下、检查、清点行李 → 引领宾客至总台登记 → 照看行李

道别、返回岗位 ← 介绍房间设施设备及使用方法 ← 引领宾客至客房 ← 照看行李

图 2-8

散客离店时的行李服务流程如图 2-9 所示。

接收离店行李服务信息 → 前往提取行李 → 检查行李、确认行李件数

道别、返回岗位 ← 行李装车，确认行李件数 ← 搬运行李

图 2-9

团队入住时的行李服务流程如图 2-10 所示。

准备迎接 → 卸下、分拣行李 → 分送行李 → 服务跟进 → 行李登记

图 2-10

团队离店时的行李服务流程如图 2-11 所示。

图　2-11

三、任务实施

（1）任务分配表

任务分配如表 2-12 所示。

表　2-12

任务描述	李先生一家乘坐出租车到达酒店门口，门童和行李员同时上前迎接，行李员为宾客提供行李服务。小组根据实训任务，查阅相关资料，撰写"为李先生介绍房间设备设施及使用方法"的文案，绘制散客离店行李服务的流程图，然后根据散客入住行李服务的流程和标准进行实践操作
组长	
组员	
任务分工	

（2）实训物品领取单

实训物品领取单如表 2-13 所示。

表　2-13

小组名称：			领取时间：
物品名称	数量	物品完好程度	备　注
行李箱	2		
行李车	1		
行李登记单	若干		
领取人：			归还时间：

（3）撰写"为李先生介绍房间设备设施及使用方法"的文案

（4）绘制散客离店时行李服务的流程图

（5）根据酒店行李服务流程和标准开展实训——散客行李服务

散客行李服务实训如表2-14所示。

表 2-14

步　骤	操作及说明	要　求
主动迎接	（1）宾客抵店时主动问候，表达提供行李服务的意愿； （2）如果宾客在车上，应上前帮忙卸下行李，清点行李	（1）主动热情； （2）规范引领； （3）耐心细致
领至总台 照看行李	（1）行李员应走在宾客侧前方两三步远处，将其引领至总台办理入住登记手续； （2）行李员站在宾客身后2m左右处等候并看管行李	
搭乘电梯 引领入房	（1）宾客办完入住手续后，行李员应主动上前接过前台工作人员交予的房卡，记住房间号； （2）指引电梯方向，引领宾客。乘坐电梯时为宾客护门，请宾客先进先出，进电梯后帮助宾客刷房卡，按下楼层数字按钮	
介绍房间 礼貌离房	（1）进入房间，插入房卡通电，将行李放置在房内行李架上，如有多余房卡则交还给宾客使用； （2）介绍房内主要设施设备及使用方法，行李员可以选择按照房间顺时针或逆时针有序介绍，避免遗漏； （3）介绍完毕，询问宾客是否还需要其他服务或疑问，如果没有则向宾客道别，祝宾客入住愉快	（1）介绍到位； （2）灵活处理
散客离店	（1）在大堂内如遇携带行李准备离店的宾客，应主动上前提供服务； （2）帮离店宾客提取行李，应提前确认房号、行李件数与收取时间。宾客行李较多时应准备行李车带至客房； （3）进房后与宾客一同清点行李件数，检查行李有无破损，系上行李牌，提醒不要遗忘个人物品，随后准备离房前往大堂； （4）如果进房提取行李时宾客不在房内，应请楼层服务员开启房门，随后行李员进房完成相应工作	（1）主动热情； （2）操作规范

续表

步 骤	操作及说明	要 求
确认退房 行李装车	(1) 到达酒店大堂后,行李员引领宾客到总台收银处完成退房手续,宾客办理退房手续时,行李员站在宾客身后2m左右处等候并看管行李; (2) 离开酒店时,再次请宾客确认行李件数,确认无误后将行李装车,引领宾客上车; (3) 向宾客礼貌道别,祝旅途愉快,并欢迎宾客再次光临; (4) 做好行李服务相关记录工作	(1) 耐心细致; (2) 礼貌道别

小贴士:在为宾客介绍房内设施设备及使用方法时,如果是常客或宾客不感兴趣时,则可以简单介绍或不作介绍,尊重宾客意愿,灵活处理。

四、任务评价

散客行李服务评价表如表2-15所示。

表 2-15

评价内容:为乘坐出租车到店的散客提供行李服务　　　　　　　被评价人:

项 目	评价要求	权重	评价(Y/N)	他评(Y/N)
散客到达	主动问候宾客,帮助宾客卸下行李并核对清点	2		
规范引领	走在宾客侧前方两三步处,引领宾客至总台,办理入住手续	1		
	站在宾客身后等候、照看行李	1		
引领入房	携带行李,规范引领宾客进房间	1		
进入房间	为宾客介绍房内主要设备设施及使用方法,能根据宾客实际需求灵活调整介绍	3		
送别返岗	对宾客入住表示祝愿,礼貌离开房间	2		
总 分 合 计		10		

总评:□优秀(9~10分)　　□良好(7~8分)　　□合格(5~6分)　　□待提升(5分以下)

教师评估 及意见	

五、知识链接 🔗

团队行李装车原则如表 2-16 所示。

表 2-16

原　　则	内　　容
同团同车,同层同车,同侧同车,同房同车	"同团同车"可以防止行李与其他团队混淆的问题,"同层同车,同侧同车,同房同车"可以方便行李员运送行李,减少不必要的行走线路,提高工作效率。当同一团队行李放不下时,也可按相近楼层摆放
硬件在下,软件在上;大件在下,小件在上;后送在下,先送在上	"硬件在下,软件在上;大件在下,小件在上"可以防止压坏行李,同时保持行李的平衡,防止行李在运送过程中倒下。在不违反上述原则的基础上,可考虑"后送在下,先送在上",这样的装车方式能使行李员根据房号在同一行李车上,方便地找到某房间行李

任务4 ▶ 礼宾服务——委托代办服务

一、任务目标 🌐

（1）熟悉委托代办的服务内容及操作规程。

（2）根据操作规程完成委托代办服务。

二、知识图谱 📊

委托代办服务是酒店高星级、高质量服务的体现。酒店为宾客提供委托代办服务范围较广,服务项目因酒店而异。委托代办服务主要有:预订车辆、订票服务、订餐服务、转交(快递)物品、衣物寄存、护照签证、简单的店外修理等。同时,有些酒店还会提供个性化的委托代办服务,如私人定制行程、购物向导等。只要宾客提出需求,酒店就会竭尽所能为宾客排忧解难,为宾客提供满意加惊喜的服务。

酒店设置专门的委托代办单(图 2-12),同时会制定必要的委托代办收费制度。一般而言,饭店内的正常服务项目和在饭店内能代办的项目不收取服务费。需付费的委托代办项目,应先填写委托代办单,再请宾客签名确认。

酒店委托代办单						
姓名		房号		联系电话		
委托事宜：						
特殊需求与备注：						
委托人签名：		经办人签名：			时间：　年　月　日	
服务认可宾客签名：		服务经办人签名：			时间：　年　月　日	

图　2-12

三、任务实施

（1）任务分配表

任务分配如表 2-17 所示。

表　2-17

任务描述	李先生来到礼宾服务台,希望酒店为其购买一些当地的纪念品,并列出了清单……酒店受理了李先生的委托代购需求。小组根据实训任务,查阅相关资料,梳理代购服务的注意事项,创作情境对话,然后根据委托代办服务的流程和标准进行实践操作
组长	
组员	
任务分工	

（2）实训物品领取单

实训物品领取单如表 2-18 所示。

表　2-18

小组名称：			领取时间：	
物品名称	数量	物品完好程度	备　　注	
服务项目清单	1			
委托代办单	1			
纪念品	若干			
领取人：			归还时间：	

（3）梳理委托代购服务的注意事项

_____

_____

_____

（4）根据任务描述创作委托代办的情境对话

（5）根据委托代办服务流程和标准开展实训

实训内容如表 2-19 所示。

表　2-19

步　骤	操作及说明	要　求
主动问候	（1）整理台面，时刻关注宾客，做好服务准备； （2）微笑问候宾客	精神饱满
受理委托	（1）了解宾客委托事项，受理宾客的代办要求； （2）详细了解宾客对代购物品的要求并记录	（1）主动热情； （2）了解信息
明确费用	确定代购费用并说明收费原则和收取方式	清楚表述
填写表单 核对确认	（1）按照表单逐一填写相关信息； （2）和宾客核对表单信息，尤其是特殊要求和备注要求； （3）核对无误，宾客签字； （4）代办单的一联交给宾客，一联留在前厅部用于交办事项	（1）规范填写； （2）确认签字； （3）一式两联
完成受托任务	落实宾客委托事项，外出代购时开好一切必要的发票	开具凭证
办结签收	（1）代购完成后立即通知宾客，根据宾客要求交付代购物品； （2）宾客验收完物品后，请宾客在"委托代办单"上签名确认	（1）及时交付； （2）确认签字

　　小贴士：在代购物品过程中，如出现该商品无货或与宾客的要求存在偏差，需第一时间联系宾客说明情况，委托代办费用需根据实际情况进行重新核算。

四、任务评价

委托代办评价表如表 2-20 所示。

表　2-20

评价内容：为宾客提供委托代购服务　　　　　　被评价人：

项　目	评价要求	权重	自评（Y/N）	他评（Y/N）
主动问候	整理台面，时刻关注宾客，做好服务准备	1		
	微笑问候宾客	1		
受理委托	了解并记录宾客代购需求	2		
明确费用	说明收费原则和收取方式	2		
填写表单、核对确认	表单填写完整，核对确认并签字	1		
	代办单一式两联	1		
完成受托任务	落实委托代购服务，保留发票凭证	1		
办结签收	及时交付并确认签字	1		
总　分　合　计		10		

总评：□优秀（9～10分）　　良好（7～8分）　　□合格（5～6分）　　待提升（5分以下）

教师评估及意见	

五、知识链接

行业来风：酒店机器人服务

酒店机器人是酒店行业智能化服务的一个重要方向，它已经越来越多地被应用于各种服务场景，体现出极高的应用价值和前景。智能机器人作为贴身管家，能够提供全天候的服务。无论是入住时的办理手续，还是在住宿期间的问题咨询和需求反馈，智能机器人都能够随时提供帮助和支持。住客可以通过语音或触摸屏与智能机器人进行互动，以查询酒店设施、订购客房服务、获取旅游信息等。智能机器人还能为住客提供更加个性化和定制化的服务。通过人脸识别和语音识别技术，智能机器人可以识别住客的身份和偏好，并根据其个人喜好提供个性化的推荐和建议。让住客可以随时享受到个性化、快捷和便利的服务。

任务5 ▶ 总台服务——入住接待

总台是前厅总服务台的简称,是为宾客提供入住登记、问询、结账等前厅综合服务的场所。总台一般设在大堂醒目的位置。总台服务人员要为宾客提供主动、热情、周到的服务,同时还要增强销售意识,提高工作效率,为宾客提供高效优质的服务。

一、任务目标

(1)掌握散客入住接待服务的程序。

(2)能够根据操作规程完成入住接待服务。

二、知识图谱

宾客下榻酒店办理入住登记,是宾客和饭店之间建立正式的合法租住关系的根本。通过入住接待,前厅可以获得宾客的个人资料,为酒店有关部门提供服务信息,也为协调对客服务提供依据。

(1)未预订宾客接待流程

未预订宾客接待流程如图 2-13 所示。

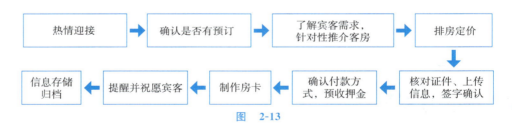

图 2-13

(2)已预订宾客接待流程

问候宾客,确认宾客入住信息(图 2-14)。

查找预订,扫描宾客证件,进行人脸识别(图 2-15)。

查看房态,填写入住登记单(图 2-16)。

图 2-14　　　　　　图 2-15　　　　　　图 2-16

收取押金,制作房卡(图 2-17)。
双手递送房卡、证件(图 2-18)。
致谢道别,整理资料(图 2-19)。

图　2-17　　　　　　　　图　2-18　　　　　　　　图　2-19

三、任务实施

(1) 任务分配表

任务分配如表 2-21 所示。

表　2-21

任务情境	某日 16:00,李先生来到酒店前台办理入住,告知需要入住两个晚上,接待员小王热情地接待了李先生。小组根据情境描述,查阅相关资料,梳理酒店客房的介绍词,创作接待情境的对话,然后按操作流程和标准进行实践操作
组长	
组员	
任务分工	

(2) 实训物品领取单

实训物品领取单如表 2-22 所示。

表　2-22

小组名称:			领取时间:	
物品名称	数量	物品完好程度	备　注	
计算机	1			
制卡器	1			
人脸识别器	1			
房卡	若干			
房卡套	若干			
纸、笔	若干			
领取人:			归还时间:	

（3）梳理酒店客房的介绍词

（4）根据任务描述创作情境对话

（5）根据入住接待流程和标准开展实训

实训内容如表 2-23 所示。

表　2-23

步　　骤	操作及说明	要　　求
准备工作	（1）规范仪容仪表，检查并整理服务台； （2）物品分类归档，摆放位置符合操作习惯； （3）台面整洁	（1）仪表规范； （2）物品齐全
迎接宾客	（1）注意接待台附近动态，面带微笑，及时问候宾客，与宾客有眼神交流； （2）当宾客出现在 3m 时，能向宾客微笑示意； （3）当宾客到达至 1.5m 时能主动问候并询问有何需要	（1）精神饱满； （2）面带微笑
询问宾客是否预订	（1）与宾客进行核对："您好，请问您有没有预订？"； （2）默认宾客为无预订散客	礼貌询问
了解需求介绍酒店	（1）根据宾客需要，针对性地介绍客房类型，在客房推荐上，一般采用房价由高到低的策略，高档、中档房先介绍房间再报价，低档房先报价后介绍房间。根据预设的权限打折，在特殊情况下可请示上级给予更大折扣； （2）在办理流程中，适时介绍健身房、游泳池、Wi-Fi 等房价包含的服务，介绍房价是否包含早餐； （3）当宾客有特殊需求时，根据宾客需求，为宾客具体介绍	（1）合理推荐； （2）表达流畅； （3）灵活应对
确认宾客入住信息	（1）确认宾客所需要入住的房型、房间数量、入住的天数及房价，确认宾客的付款方式； （2）确认宾客关于房间的特殊要求，如楼层、位置、朝向	（1）仔细确认； （2）信息完整

续表

步　骤	操作及说明	要　求
登记入住	(1) 办理证件传输,进行人脸识别、验证; (2) 填写入住登记单,请宾客确认签字,留下联系方式,准确指示签字位置并提醒相关注意事项; (3) 递送单据时正面朝向宾客,递笔时笔尖朝向自己,将笔放置在登记单的右侧,或直接递到宾客手中; (4) 准确收取押金(现金或信用卡)并开具证明,收取合理数额的押金并解释原因; (5) 登记宾客证件并填写房卡套; (6) 为宾客制作房卡并介绍房卡使用方法; (7) 询问宾客是否需要寄存贵重物品; (8) 告知一次性洗漱用品使用情况; (9) 询问是否有开车;如果有,则帮助宾客录入车辆信息; (10) 归还信用卡(用信用卡做押金时); (11) 双手递交房卡及相关物品	(1) 主动热情; (2) 规范服务; (3) 询问到位; (4) 表述自然
礼貌道别	(1) 询问宾客是否还有其他需求,并向其告知前台、总机的联系方式; (2) 温馨提醒宾客早餐时间及地点,询问宾客是否需要行李服务; (3) 为宾客指引电梯并祝宾客入住愉快	(1) 服务告知; (2) 表达祝愿
整理资料	(1) 完善宾客信息,整理台面; (2) 将单据放入单据柜或背面朝上放置	(1) 规范整理; (2) 台面整洁

　　小贴士:预先将宾客的资料记载在登记卡上,除了方便宾客外,也使其有被欢迎的感觉。为表示尊重,对于常客和VIP宾客,可以准备酒店总经理亲笔欢迎信。

四、任务评价

　　入住接待服务评价表如表2-24所示。

表　2-24

评价内容:为散客提供入住接待服务　　　　　　被评价人:

项　目	评 价 内 容	权重	自评(Y/N)	他评(Y/N)
迎接	整理台面,时刻关注宾客,做好服务准备	2		
	微笑问候宾客	1		
介绍	询问宾客是否有预订	1		
	针对性地介绍饭店可出租的客房类型	2		
	介绍客房价格,且报价方式合乎规范	2		
	适时介绍饭店餐饮、娱乐等设施和服务项目	1		

项　目	评价内容	权重	自评(Y/N)	他评(Y/N)
确认	确认房间类型	1		
	确认房价(是否含早餐)	1		
	确认离店日期	1		
	确认其他个性化要求	1		
入住登记	证件传输、人脸识别验证	1		
	填写入住登记单	2		
	正确指示签字位置,并提示宾客仔细阅读相关规定	1		
	确定预收费用,收取房费押金,开具证明,并作相关解释	1		
	制作 IC 卡钥匙,填写房卡套,注意保护宾客隐私	1		
	正确递送表单、文具等用品	1		
	询问是否有贵重物品寄存并告知一次性洗漱物品使用情况	1		
	询问是否有开车;如有,则帮助宾客录入车辆信息	1		
结束	介绍早餐时间、地点	1		
	询问宾客有无其他需求,答复合理	1		
	为宾客指引电梯方向并询问宾客是否需要行李搬运服务	1		
	祝宾客入住愉快	1		
	整理宾客入住资料,保护宾客隐私,并保持台面整洁	1		
综合	服务过程中,有三次以上用姓氏称呼宾客	1		
	仪容仪表符合规范,具备良好的职业素养	2		
总 分 合 计		30		

总评:　□优秀(25～30 分)　　□良好(20～24 分)　　□合格(11～19 分)　　□待提升(10 分以下)

教师评估及意见	

五、知识链接

行业小知识:排房小技巧

前台接待人员应根据客人的类型和特点,按照一定的顺序进行排房,依次为:VIP客人和常客、有特殊要求的客人、团队客人、保证性预订的客人、非保证性预订的客人、未经预订直接到店的客人。在排房时注意以下技巧。

(1) VIP客人要先查看客人是否有入住记录,之前住的客房是哪一间;如无,则安排朝向好、状态好的客房。

(2) 优先安排VIP团、政府团,然后排房间数多的团队。房间数相同,优先安排网络团或房价高的团队。同一团队的客人,尽可能排在同一栋楼或相近楼层,采取相对集中的排房原则,便于团队宾客的管理和联系,也便于团队宾客离店后空余房间的再次安排。

(3) 为从OTA平台(online travel agency,在线旅行社)预订的客人安排状态好、朝向好的客房,这样有助于提高网络口碑。

(4) 残疾、年老、带小孩的宾客,尽量安排在离电梯较近的房间。

任务6 ▶ 总台服务——问询服务

一、任务目标

(1) 熟悉问询服务的主要类别。
(2) 能够妥善、灵活地处理宾客的各类询问。

二、知识图谱

酒店问询服务通常由总台员工提供,需要熟悉和掌握大量的信息,为宾客解答有关酒店服务项目、设施,以及酒店所在城市的交通、景点、医院等公共设施的信息。当然,问询服务不仅仅是总台的责任,酒店的每一位员工都有义务为宾客提供问询服务,提升宾客对酒店的满意度。

(1) 问询服务的类别

问询服务类别如图2-20所示。

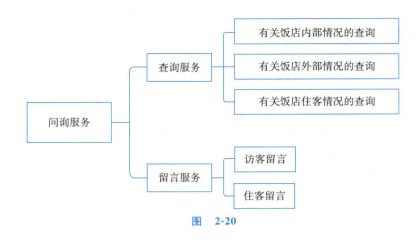

图 2-20

(2) 问询服务的基本流程

① 做好接待准备工作,具体如图 2-21 所示。

② 有礼貌地问候宾客,并聆听问询(图 2-22)。

③ 回答宾客问询后,微笑道别(图 2-23)。

图 2-21　　　　　　　　　图 2-22　　　　　　　　　图 2-23

三、任务实施

(1) 任务分配表

任务分配如表 2-25 所示。

表 2-25

任务情境	上午 9:00,李先生想去酒店附近的旅游景点参观游览,并向接待员小王咨询。小组根据情境描述,查阅相关资料,梳理住客情况查询的处理方式,创作情境对话,然后按操作流程和标准进行实践操作
组长	
组员	
任务分工	

（2）实训物品领取单

实训物品领取单如表 2-26 所示。

表　2-26

小组名称：			领取时间：
物品名称	数量	物品完好程度	备　　注
计算机	1		
纸、笔	若干		
领取人：			归还时间：

（3）梳理问询服务中关于住客情况查询的处理方式

（4）根据任务描述创作情境对话

（5）根据问询服务的流程和标准开展实训

实训内容如表 2-27 所示。

表　2-27

步骤	操作及说明	要　　求
接待准备	（1）检查仪容仪表； （2）准备表单； （3）如正在处理手头工作,应随时留意宾客的到达	（1）仪表规范； （2）准备充分
问候宾客 热情接待	（1）当宾客进入大厅,距总台 1.5～2m 远时,应目视宾客,向宾客微笑示意,并礼貌问候："先生,下午好！请问有什么需要帮助您的吗?"(如正在接听电话,只需目视宾客,点头微笑,示意宾客稍候)； （2）礼貌称呼宾客	（1）主动热情； （2）语言规范
准确回答 耐心介绍	如"李先生,我们酒店周边比较好玩的地方有 5A 级景点×××,您可以在那里领略江南美景,体验别有韵味的江南风情。晚上可以到××步行街,那里有我们本地小吃,您可以品尝这里的各种美食……"	（1）知识面广； （2）表述流畅

续表

步 骤	操作及说明	要 求
提供帮助	表达提供服务的态度:"李先生,请问您还需要询问其他事项吗?"	(1)主动热情; (2)耐心询问
微笑道别	(1)向宾客告别并致谢宾客:"李先生,还需要其他帮助吗?"; (2)"李先生,再见!"	

小贴士:每位宾客的姓名、房号、国籍、房价等资料均属保密范围,不得随意泄露有保密要求的宾客信息,对针对他们的来访和来电都应委婉拒绝。

四、任务评价

问询服务评价表如表 2-28 所示。

表 2-28

评价内容:为李先生提供问询服务　　　　　　　　　　　被评价人:

项 目	评 价 内 容	权重	自评(Y/N)	他评(Y/N)
迎接、问候	时刻关注宾客,做好服务准备	1		
	主动问候	1		
问询	及时回应,介绍耐心、全面	2		
	对于宾客询问是否能对答如流	2		
微笑道别	表达提供服务的态度,与宾客道别并感谢宾客	2		
综合印象	带着姓氏称呼宾客	1		
	仪容仪表符合规范,具备良好的职业素养	1		
总 分 合 计		10		

总评: □优秀(9~10分)　　□良好(7~8分)　　□合格(5~6分)　　□待提升(5分以下)

教师评估及意见	

五、知识链接

帝国饭店服务秘诀——全体员工都是顾客的活向导

对从事服务业的人来说,首先应具备的能力是什么?答案之一应该是"在任何时候都能马上回答出顾客提出的问题"。这也是帝国饭店经营成功的原因之一。

帝国饭店经常被"指责"说"馆内的指示标志太少"。对,标志少是事实。当然饭店中有表示安全出口等必要的最低限度的标志。但是,这么大的建筑,又分成本馆和铁塔馆,而类似于"走哪一条走廊可以通向什么餐厅"之类的标志几乎没有。所以会给不熟的顾客留下饭店不亲切的印象。

其原因是饭店的全体职员都可以做顾客的向导,还专门安排了大厅向导员(lobby attendant)。饭店认为,既然是服务,就不应当让顾客按照指示标志四处寻找,而是应该用职员们有热情的手臂来指引。"看到顾客有困惑的迹象,应迅速、轻盈地凑上来问一声:'您在找什么呢? 我愿意帮您的忙。'"这样做,一定会比设置"大宴会厅向右拐20米处"的标志要亲切得多。在该饭店,无论是门童、接待员还是客房服务员,只要在这个饭店工作,都有给顾客做向导的义务,这是一个饭店员工的基本职责,也更加符合服务业的基本精神。

学习笔记

任务7　总台服务——结账服务

一、任务目标

(1) 掌握散客结账的流程。

(2) 能够根据操作规程完成散客结账服务。

二、知识图谱

结账是宾客办理离店手续的关键环节,主要内容包括:结清应收未收客账余额;更新客房状态;保持、建立客史档案;在宾客心中树立良好的饭店形象等。客账的结算方式主要有移动支付、现金结算、信用卡结算、支票结算、直接转账等。结账工作专业性强,又较繁杂,收银员要按照流程有条不紊地进行,避免出现差错。

一般散客结账服务的流程如下。

(1) 做好准备工作(图2-24)。

(2) 利用读卡器,读取房卡信息(图2-25)。

(3) 确认宾客在房内是否有其他消费(图2-26)。

图 2-24　　　　　　　图 2-25　　　　　　　图 2-26

(4) 通过POS机进行微信、支付宝或信用卡的预授权完成或撤销(图2-27)。

(5) 宾客如用现金支付,必须使用验钞机对收取的现金进行清点(图2-28)。

（6）礼貌道别后，客账相应资料归档（图2-29）。

图 2-27

图 2-28

图 2-29

三、任务实施

（1）任务分配表

任务分配如表2-29所示。

表 2-29

任务描述	中午12:00,1510号房间的李先生到总台办理退房结账手续,李先生入住房间内的小酒吧有饮品消费,接待员为李先生提供退房结账服务。小组根据情境描述,查阅相关资料,梳理退房结账的注意事项,创作情境对话,然后按操作流程和标准进行实践操作
组长	
组员	
任务分工	

（2）实训物品领取单

实训物品领取单如表2-30所示。

表 2-30

小组名称：			领取时间：
物品名称	数量	物品完好程度	备　　注
计算机	1		
读卡器	1		
房卡	1		
收银设备	1		
验钞机	1		
押金收据	1		
纸、笔	若干		
领取人：			归还时间：

（3）梳理退房结账服务的注意事项

（4）根据任务描述创作结账服务的情境对话

（5）根据结账服务的流程和标准开展实训

实训内容如表 2-31 所示。

表 2-31

步　骤	操作及说明	要　求
准备工作	（1）规范仪容仪表,检查设备用品; （2）准备预期离店宾客的账单,检查应收款项,试算总费用	（1）仪表规范; （2）准备充分
迎接	（1）当宾客行至距前台约 1.5m 处时,应停止手中的工作,目光注视、面带微笑问候宾客; （2）如当宾客向前台走来,接待员正在忙时应向宾客示意"请您稍等",并尽快结束手头工作或通话	（1）目光注视; （2）主动问候
收房卡和押金收据	（1）当宾客要离店退房,问清房号以及最近有无饭店消费项目; （2）收回宾客的房卡、押金收据,并在系统内再次确认	（1）询问到位; （2）收回凭证
通知房务中心退房信息	（1）通知房务中心退房信息,房务中心及时查房并反馈信息; （2）等待过程中询问宾客住宿感受和意见	（1）及时联系; （2）灵活应变

续表

步　骤	操作及说明	要　求
核查账单结账服务	(1) 核实宾客所有消费项目是否已经入账,避免漏账; (2) 核对账单上信息是否完整、正确; (3) 核查住宿登记表、消费凭证、预付款收据等是否齐全; (4) 询问宾客的付款方式,按宾客指定付款方式结账,打印账单并开具发票; (5) 将发票、消费账单、刷卡小票等放入结账袋或信封内,一并交给宾客,请其清点	(1) 操作规范; (2) 核对仔细; (3) 票据完整
感谢与道别	向宾客表示谢意,并欢迎其再次光临	真诚有礼
整理资料	(1) 在 PMS 系统中完成结账程序; (2) 确认退房后,及时注销房卡,更改房态; (3) 将各种凭证汇总归档	(1) 操作规范; (2) 整齐归档

小贴士:结账时打印出明细清单和发票,复述宾客姓名和房号,并将明细清单和发票双手递交宾客,请宾客核对。

四、任务评价

结账服务实训评价表如表 2-32 所示。

表　2-32

评价内容:在 3 分钟内为李先生办理结账退房手续　　　　　　　　被评价人:

项　目	评价内容	权重	自评(Y/N)	他评(Y/N)
迎接	主动问候,热情迎接	1		
收房卡和押金收据	问清房号和新近消费	1		
	收回房卡、押金收据	1		
通知房务中心退房信息	及时联系,了解查房情况	1		
	主动征求宾客意见	1		
结账服务	核对账单并请宾客确认签字	1		
	询问付款方式,快速结账,唱收唱付	1		
	开具发票,双手递送	1		
感谢与道别	礼貌致谢,欢迎再次光临	1		

续表

项　目	评价内容	权重	自评(Y/N)	他评(Y/N)
整理资料	资料归档	1		
总 分 合 计		10		

总评：□优秀(9~10分)　　□良好(7~8分)　　□合格(5~6分)　　□待提升(5分以下)

教师评估及意见	

五、知识链接

理论小知识：团队宾客结账程序

对于团队宾客,如果预订的时候标明付款方式为转账,可以通过单位转账来结算。如单位不能挂账,团队费用需要现付。此外,团队宾客的房价不能告知宾客。

团队退房流程如图 2-30 所示。

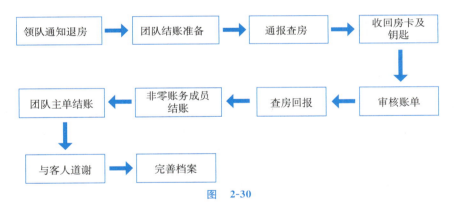

图　2-30

任务8▶ 宾客关系——投诉处理

宾客关系管理是指酒店通过个性化服务、有效沟通、投诉处理等策略和措施来管理和维护与宾客之间的关系,从而确保宾客得到畅通、有效、高标准的服务,不仅可以满足宾客的个性化需求,同时还可以体现酒店的服务特色,提升酒店的品牌形象。

一、任务目标

（1）掌握投诉处理常见应对技巧和处理流程。

（2）能够根据操作规程灵活处理宾客投诉。

二、知识图谱

大堂副理是酒店和宾客沟通的桥梁，是建立良好宾客关系、保证酒店服务质量的重要岗位。大堂副理一般划归前厅部管理，便于对客服务，但有的饭店为增强其权威性，将其划归总经理办公室或质监部门管理。也有许多高星级酒店专门设立公共关系部，由宾客关系经理直接管理，下设宾客关系主任，即 GRO（guest relations officer），主要负责管理与宾客之间良好的关系，及时了解宾客的需求和意见，确保宾客在酒店入住期间得到满意的服务和体验。

投诉处理一般流程如图 2-31 所示。

真诚接待 感同身受 → 耐心倾听 认真记录 → 揣摩心理 了解客人 → 表明态度 提出方案 → 快速处理 及时反馈 → 总结经验 跟踪访问

图　2-31

三、任务实施

（1）任务分配表

任务分配如表 2-33 所示。

表　2-33

任务描述	早上 7：00，大堂副理接到 1510 号房间李先生的投诉，一大早被莫名其妙的叫醒电话吵醒，李先生非常恼火。大堂副理了解到原来是前台将叫醒服务的房号设置错了，随后大堂副理妥善地处理了李先生的投诉。小组根据情境描述，查阅相关资料，梳理宾客投诉时的心理，绘制宾客投诉处理的流程图，然后按投诉处理操作流程，进行投诉处理的实践操作
组长	
组员	
任务分工	

（2）实训物品领取单

实训物品领取单如表 2-34 所示。

表　2-34

小组名称：			领取时间：	
物品名称	数量	物品完好程度	备　　注	
电话机	1			
投诉意见登记表	1			
纸、笔	若干			
领取人：			归还时间：	

（3）梳理宾客投诉处理时的心理

（4）绘制宾客投诉处理的程序

（5）根据投诉处理的操作流程和标准开展实训

实训内容如表 2-35 所示。

表 2-35

步 骤	操作及说明	要 求
真诚接待	(1) 问候宾客,询问宾客服务需求; (2) 请宾客到安静处就座,缓解宾客愤怒的情绪,以免影响其他宾客; (3) 为宾客递上茶水,对其表达歉意与理解	(1) 主动问候; (2) 态度诚恳
耐心倾听	(1) 耐心倾听,与宾客保持目光接触; (2) 不随意打断宾客的讲述,不急于解释; (3) 交谈过程注意语音语调、语气、音量; (4) 保持冷静,不受宾客的情绪影响	(1) 眼神关注; (2) 耐心倾听
认真记录	(1) 听取投诉的过程中随时做好要点记录; (2) 记录内容包括投诉内容、宾客姓名、房号、投诉时间等关键信息	记录准确
揣摩心理	在交谈过程中,用心揣摩宾客提出投诉是出于求发泄、求尊重还是求补偿的心理	了解心理
处理问题	(1) 对宾客的遭遇表示同情和理解,并安慰宾客; (2) 提出解决问题的初步方案,告知宾客解决问题的时限,征询宾客同意; (3) 将宾客的反馈/投诉通知到具体部门,指定专员对此进行处理	(1) 态度诚恳; (2) 语言真诚; (3) 方案合理
反馈意见	(1) 将处理问题的过程和结果告知宾客; (2) 向宾客表示致谢,如确实是酒店的过错,给予其一定的优惠补偿; (3) 做好投诉处理相关情况的记录工作	(1) 及时反馈; (2) 态度诚恳

小贴士:处理投诉时要注意兼顾宾客和酒店双方的利益。

四、任务评价

投诉处理评价表如表 2-36 所示。

表 2-36

评价内容:有效处理宾客投诉　　　　　　　　　　　　　被评价人:

项 目	评价要求	权重	自评(Y/N)	他评(Y/N)
接受投诉	礼貌问候,询问需求	0.5		
	安抚情绪	0.5		
	耐心倾听,不打断宾客的讲述	0.5		
	保持态度冷静,不急于辩解	0.5		
	记录完整,包括投诉内容、宾客的姓名、房号、投诉时间等	2		

续表

项　目	评价要求	权重	自评(Y/N)	他评(Y/N)
处理投诉	理解与致歉	1		
	提出方案,征求宾客意见	1		
	表明态度,快速处理	1		
处理反馈	妥善解决,及时反馈	1		
	致谢,做好记录	1		
	跟踪访问	1		
总 分 合 计		10		

总评: □优秀(9~10分)　　□良好(7~8分)　　□合格(5~6分)　　□待提升(5分以下)

教师评估及意见	

五、知识链接 🔗

行业小知识:宾客关系主任

　　宾客关系主任(GRO)是一些高星级饭店为增进与宾客的双向沟通,加强与改善酒店与宾客关系而设计的一个岗位,旨在通过GRO随时服务于宾客,主动征询宾客意见,获得更多的反馈信息,从而改善酒店服务。酒店GRO人选要求言行举止大方得体,形象气质较好,语言能力较强,善于把握宾客心理,有一定酒店工作经验及应变能力。GRO的具体工作内容如下。

　　(1)协助大堂副理做好酒店长住客、会员、VIP房间的欢迎信、引领长住客、会员、VIP宾客入住及房间介绍服务、退房服务等情况。

　　(2)及时处理宾客投诉问题,调查并收集宾客意见。

　　(3)及时为宾客提供入住引领接待、退房及行李服务。

　　(4)为宾客介绍房间布局及设备使用方法。

　　(5)熟练掌握酒店产品信息,如服务项目、价格、要求等。

　　(6)及时记录和跟踪当天发生的重要事件及跟办情况。

　　(7)随时检查各部门对客服务用品及设备设施的到位与使用情况。

　　(8)熟悉前台各项事务的办理及系统操作,及时掌握最新房态情况。

　　(9)协助礼宾处管理好宾客行李物品的认领、寄存、发放登记工作。

　　(10)用扎实的专业素养和服务意识尽可能为宾客提供个性化服务。

学习笔记

任务9 宾客关系——VIP 接待

一、任务目标

（1）能够根据 VIP 宾客等级规范填写接待规格呈报表、VIP 接待单等。

（2）能够根据 VIP 接待流程和要求完成 VIP 宾客的接待方案。

二、知识图谱

重要宾客（VIP）接待是酒店非常重视的工作，根据 VIP 的等级，酒店设有不同的接待礼遇标准，给予宾客特别的关注并确保提供特色服务和个性化服务。

某酒店 VIP 宾客等级分类如图 2-32 所示。

A 级	国家级领导人、驻华大使、国际知名人士、本行业重要领导
B 级	省市级领导、本行业主要领导、国际知名人士、跨国公司总裁、入住总统套房的宾客、对饭店的经营与发展有重要贡献或影响的宾客
C 级	市级领导、同行业主要领导、区域范围内知名人士
D 级	市内知名人士、合约公司主要领导、政府各单位接待的重要宾客及以散客价入住饭店高级套房的宾客

图 2-32

某酒店 VIP 宾客接待礼遇标准如图 2-33 所示。

	A 级（最高级别）	B 级	C 级	D 级
大堂环境布置	1.欢迎鸡尾酒塔 2.铺红地毯 3.开放专梯迎送 4.欢迎横幅 5.大厅贵宾灯开启	1.欢迎鸡尾酒塔 2.开放专梯迎送 3.欢迎横幅 4.大厅贵宾灯开启	立式欢迎牌	
接待要求	1.总经理率队在饭店门口迎接 2.总经理助理、销售部经理或门厅经理进行接站服务 3.前厅部经理带宾客进房并办理登记 4.行李房领班运送行李至房间 5.安排专人控制电梯 6.客房部经理在客房门口迎接宾客	1.副经理亲自门口迎接 2.大堂副理带宾客进房并办理登记 3.行李房领班运送行李至房间	1.副总或前厅部经理门口迎接 2.大堂副理带宾客进房并办理登记 3.行李员送行李至房间	1.大堂副理迎接 2.大堂副理带宾客进房并办理登记 3.行李员运送行李至房间
客房内物品配备与要求	1.总经理名片及欢迎信 2.鲜花、水果 3.饭店致意卡 4.小礼品	1.总经理名片及欢迎信 2.鲜花、水果 3.饭店致意卡	1.总经理名片及欢迎信 2.欢迎水果 3.饭店致意卡	1.总经理名片 2.鲜花 3.饭店致意卡

图 2-33

某酒店 VIP 宾客接待规格呈报单如图 2-34 所示。

VIP接待规格呈报表

贵宾姓名	
贵宾情况	
审批内容	1. 房费：A. 全免　B. 房费按＿＿＿折扣 2. 用膳：在＿＿＿餐厅用餐，标准＿＿＿元/人 3. 房内要求：A. 鲜花　B. 盆景　C. 水果　D. 葡萄酒杯具　E. 欢迎信　F. 总经理名片　G. 礼卡　H. 饭店宣传册　I. 其他＿＿＿ 4. 迎送规格：A. 由＿＿＿经理迎送　B. 由＿＿＿经理迎送　C. 欢迎礼物：＿＿＿　D. 欢迎队伍＿＿＿ 5. 其他要求：
呈报部门	经办人：　　　　　部门经理：
总经理审批	

图 2-34

某酒店 VIP 宾客接待通知单如图 2-35 所示。

VIP接待通知单

姓名		性别		国籍	
同行人数		VIP等级			
抵店日期：	年　月　日　时　分　班次：乘　　次列车、航班抵达				
离店日期：	年　月　日　时　分　班次：乘　　次列车、航班抵达				
接待标准					
房型与房号					
陪同人房型与房号					
特殊要求	客房： 餐饮： 其他：				
付款方式		费用折扣			
经办人		电话		审核人	
				年　月　日	

图 2-35

三、任务实施

（1）任务分配表

任务分配如表 2-37 所示。

表　2-37

任务描述	世界围棋冠军即将入住酒店，酒店全面了解了 VIP 客人的信息，做好充分的准备来迎接 VIP 客人。小组根据情境描述，查阅相关资料，填写 VIP 宾客接待通知单和接待规格呈报表，然后按 VIP 宾客接待服务的流程说明，完成 VIP 接待服务的实践操作

组长	
组员	
任务分工	

（2）实训物品领取单

实训物品领取单如表 2-38 所示。

表 2-38

小组名称：			领取时间：
物品名称	数量	物品完好程度	备　　注
VIP 宾客档案卡（客史档案）	1		
VIP 宾客接待规格呈报单	1		
VIP 宾客接待通知单	1		
纸、笔	若干		
领取人：			归还时间：

（3）根据任务描述填写 VIP 接待通知单

VIP 接待通知单如图 2-36 所示。

VIP接待通知单

姓名		性别		国籍	
同行人数		VIP等级			
抵店日期：	年　月　日　时　分　班次：乘　　次列车、航班抵达				
离店日期：	年　月　日　时　分　班次：乘　　次列车、航班抵达				
接待标准					
房型与房号					
陪同人房型与房号					
特殊要求	客房： 餐饮： 其他：				
付款方式		费用折扣			
经办人		电话		审核人	
				年　月　日	

图 2-36

（4）根据任务描述填写 VIP 接待规格呈报表

VIP 接待规格呈报表如图 2-37 所示。

VIP接待规格呈报表

贵宾姓名	
贵宾情况	
审批内容	1. 房费：A. 全免　B. 房费按＿＿＿折扣 2. 用膳：在＿＿＿餐厅用餐，标准＿＿＿元/人 3. 房内要求：A. 鲜花　B. 盆景　C. 水果　D. 葡萄酒杯具　E. 欢迎信　F. 总经理名片 　　　　　　G. 礼卡　H. 饭店宣传册　I. 其他＿＿＿ 4. 迎送规格：A. 由＿＿＿经理迎送　B. 由＿＿＿经理迎送　C. 欢迎礼物：＿＿＿ 　　　　　　D. 欢迎队伍＿＿＿ 5. 其他要求：
呈报部门	经办人：　　　　部门经理：
总经理审批	

图　2-37

（5）根据 VIP 宾客接待的流程和标准开展实训

实训内容如表 2-39 所示。

表　2-39

步　骤		操作及说明	要　求
准备工作	熟悉客情 确定规格	（1）了解 VIP 宾客的姓名、性别、职务、生活习惯等主要信息； （2）填写"VIP 接待规格呈报表"，上报总经理审批，明确 　　　VIP 等级； （3）再次与订房负责人确认 VIP 的确切抵达时间	（1）客情详细； （2）协调到位
	制定预案 落实准备	（1）与前厅部、客房部、餐饮部等部门，做好前期沟通； （2）提前安排房间，准备房卡，布置房间，确保房间状态良好； （3）检查落实相关部门接待准备情况； （4）填写"VIP 接待通知单"	（1）沟通到位； （2）落实工作； （3）表述流畅
	再次确认 做好通知	（1）再次提前确认宾客具体抵达时间； （2）告知有关人员按时迎候宾客	通知到位
接待工作	到店接待	（1）根据宾客等级，相关人员提前在酒店门口迎候宾客； （2）服务人员微笑，正确站立，由专人为 VIP 宾客献上鲜花 　　　或欢迎礼物； （3）以 VIP 宾客的姓名或头衔称谓问候对方，并向 VIP 宾 　　　客介绍自己和相关人员	（1）提前等待； （2）主动热情
	入住客房	（1）由专人（或客房管家）引领 VIP 宾客先入住房间； （2）介绍房间内设备设施及使用方法； （3）介绍酒店为其提供的专属、特色服务，询问宾客有无特 　　　殊要求； （4）礼貌退出房间	（1）表达流畅； （2）落落大方

步　骤		操作及说明	要　求
接待工作	办理手续	大堂副理为宾客办理入住登记手续	手续到位
	建立档案	建立详细的 VIP 宾客档案,若酒店系统内已经存在该宾客信息,则进行完善更新	档案完善
住店服务	权限内服务	VIP 宾客的个性化需求应尽量满足、及时满足	服务到位
	超权限服务	请示上级,及时解决和答复	及时请示
离店服务	离店准备	VIP 宾客离店前 1 天,确认其具体离店时间、交通、用餐等安排,通知酒店相关部门做好准备	确认信息
	离店送客	(1) 在约定时间安排行李员到房间取行李; (2) 前台准备好账单,根据 VIP 等级做好账单处理; (3) 酒店相应管理人员到门口送别,并可向宾客征询意见; (4) 安排专车在酒店门外等候,行李装车,迎宾员为 VIP 宾客开车门护顶,送宾客上车; (5) 向宾客礼貌道别,挥手致意,目送宾客离开	(1) 充分准备; (2) 礼貌送别
	善后工作	(1) 完成宾客委托代办的遗留事项; (2) 做好 VIP 客史档案的更新	(1) 处理遗留; (2) 档案更新

　　小贴士:VIP 房分配需选择同类房中方位、视野、景致、环境、房间保养方面处于最佳状态的客房,必要时要将排房结果通知 VIP,并征求宾客意见。

四、任务评价

　　接待 VIP 宾客入住评价表如表 2-40 所示。

表　2-40

评价内容:VIP 宾客的接待服务　　　　　　　　　被评价人:

项　目	评价要求	权重	评价(Y/N)	他评(Y/N)
准备工作	熟悉客情,确定规格	1		
	部门沟通	1		
	落实排房、制作房卡、房间布置、设备设施检查等情况	1		
	"VIP 接待规格呈报表"填写完整	1		
	"VIP 接待通知单"填写完整	1		

续表

项　　目	评 价 要 求	权重	评价(Y/N)	他评(Y/N)
接待工作	提前迎候	0.5		
	各岗位人员安排到位	1		
	称呼规范	0.5		
	送上欢迎礼,主动自我介绍	1		
	专人送客入房,介绍房内设施	1		
	专人办理入住,手续简单、高效	1		
	礼貌退出房间,并预祝住店愉快	1		
	建立"客史档案卡",信息完整	1		
住店服务	管家提供 24 小时亲情服务,个性化服务	1		
离店服务	提前对接宾客离店需求	1		
	行李员提取行李,将行李装车	1		
	提前办结离店手续	1		
	安排专车进行送机(站)服务	1		
	礼貌道别	1		
	处理宾客遗留事项	1		
	建立、完善系统内宾客档案	1		
总 分 合 计		20		

总评： □优秀(17～20分)　　□良好(15～16分)　　□合格(11～14分)　　□待提升(10分以下)

教师评估 及意见	

五、知识链接 🔗

理论小知识:行政楼层

行政楼层(executive floor),又称商务楼层,是现代高档、豪华酒店为了接待对服务标准要求高,并希望有一个良好商务活动环境的高消费宾客,向他们提供优质贵宾服务而专门设立的特殊楼层。

行政楼层有别于普通客房楼层,一般位于酒店的高楼层,被誉为"店中之店",是酒店中的"头等舱",房内的家具、日用品等都非常高档,室内装饰也极其奢华。住在行政楼层的宾客,不必在总台办理住宿登记手续,宾客的住宿登记、结账等手续直接在行政楼层由专人负责办理,以方便宾客。另外,在行政楼层通常还设有宾客休息室、会客室、咖啡厅、商务中心等,为商务宾客提供更为温馨的环境和各种便利,让宾客享受更加优质的服务。

行政楼层的房价一般要高出普通房价的 20%～50%,因此,为宾客提供了更加周到的服务,而且很多服务项目是免费的,如洗衣、熨衣、早餐、下午茶、鸡尾酒会等。

模块二

客房模块

项目三

操作技能——客房清洁

项目目标

知识目标

（1）能够描述客房中式铺床的操作流程和标准。

（2）能够描述客房清洁的操作流程和注意事项。

技能目标

（1）能够在规定时间内根据操作流程和标准完成客房中式铺床。

（2）能够在规定时间内根据客房清洁各个项目的操作流程和标准完成客房的清洁。

素养目标

（1）拓宽岗位认知，提升对酒店工作的认同感。

（2）培养主动服务意识和卫生意识，养成细致、周到的职业习惯。

思政目标

（1）树立正确的职业道德观和职业规范意识。

（2）培养学生爱岗敬业、精益求精的职业素养。

知识导图

本项目知识导图如图 3-1 所示。

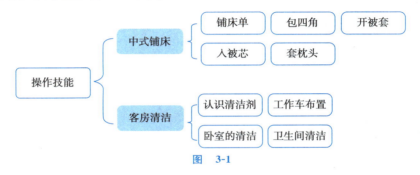

图 3-1

任务1 ▶ 中式铺床——铺床单

一、任务目标

（1）熟悉铺床单的动作要领和标准。

（2）能够一次性铺开床单，做到床单中线居中，正面朝上，表面平整光滑。

（3）操作过程中动作娴熟、敏捷，姿态优美，能体现岗位气质。

二、知识图谱

（1）铺床单操作流程

站立在工作台前，目视前方（图3-2）。

将床单从工作台拿至床尾（图3-3）。

将床单抛向床头处，不偏离中线（图3-4）。

　图　3-2　　　　　　　　　图　3-3　　　　　　　　　图　3-4

两手均匀抓住床单侧中线尾端，同时向左右两边打开（图3-5）。

打单时，床单正面朝上，中线居中，表面平整光滑（图3-6）。

身体下蹲顺势将床单尾部下压，眼神关注床单中线及表面平整度（图3-7）。

　图　3-5　　　　　　　　　图　3-6　　　　　　　　　图　3-7

（2）铺床单的操作视频

铺床单

三、任务实施

（1）实训物品领取单

实训物品领取单如表 3-1 所示。

表　3-1

小组名称：			领取时间：
物品名称	数量	物品完好程度	备　　注
床架	1		
床垫	1		
工作台	1		
床单	2		
领取人：			归还时间：

（2）请梳理铺床单的操作流程及动作要领

（3）根据铺床单的操作流程和标准开展实训

实训内容如表 3-2 所示。

表　3-2

训练内容	操作说明	要　　求
准备工作	将床单按要求折叠，平放在工作台	折叠规范
教师示范	（1）结合实操讲解操作流程和动作要领； （2）明确实训任务，分组练习	（1）清楚流程； （2）明确任务
站位	站立在工作台前，目视前方	抬头挺胸
抛单	（1）将床单从工作台拿到床尾； （2）双手抓住床单第一折稍靠底部区域的两侧，用力向前抛去	一次抛单
分单	两手均匀抓住床单侧中线尾端，稍用力分开	（1）站位居中； （2）左右均匀

续表

训练内容	操作说明	要求
开单定位	(1) 两腿一前一后呈弓字步站立，身体稍向前倾，两手手心向下，用拇指、食指、中指抓住床单的侧中线快速提起，使床单呈鼓起状，并顺着气流飘开； (2) 当空气将床单整体推开的瞬间，顺势调整并将床单拉正，使床单平铺在床垫上； (3) 床单正面朝上，中线居中，四角下落均匀，表面平整光滑	(1) 正面朝上； (2) 中线居中； (3) 下垂均匀； (4) 平整光滑

小贴士：实训中用 2 张床单可提升训练效率，1 人练习铺床单，另外 2 人负责折叠，依次轮换。

四、任务评价

铺床单操作评价表如表 3-3 所示。

表　3-3

评价内容：20 秒内完成一次性铺床单的操作　　　　　　　　被评价人：

项　目	评价要求	权重	自评(Y/N)	他评(Y/N)
准备工作	床垫、床架摆放整齐	0.5		
	床单规范折叠，放置于工作台上	0.5		
开单	一次开单，姿势正确	2		
抛单	一次抛单成功，不偏离中线	2		
打单定位	床单正面朝上	1		
	床单中线居中，不偏离中线	1		
	表面平整光滑，无水波纹	1		
整体评价	操作过程中动作娴熟、敏捷，姿态优美，能体现岗位气质	1		
操作时间	20 秒以内	1		
总　分　合　计		10		

总评：□优秀(9～10分)　　　□良好(7～8分)　　　□合格(5～6分)　　　□待提升(5分以下)

教师评估及意见	

五、知识链接 🔗

布草知识如表 3-4 所示。

表 3-4

类　别	要　　求
纤维的长度	纤维越长,纺织出来的纱越均匀、光滑、条干好、拉力强,织成织物后平滑细腻,耐洗耐磨
纱支数	纤维长,纱支数高,使用中不易起毛,耐洗耐磨。棉纱支数有 3 种,即用于床单、枕套织物的 20 支纱、21 支纱和 24 支纱。24 支纱要用一级棉纤维纺制,20～21 支纱多为二级至四级棉纤维纺制。混纺纱支数要高一些,一般可达 30 支纱和 40 支纱
织物密度	密度高且经纬分布均匀的织物强度和舒适度佳,可用作床单、枕套的织物密度一般为每 10 平方厘米 288×244 根,高级的可超过每 10 平方厘米 400×400 根
断裂强度	织物的密度越高,其断裂强度越好
纤维的质地	目前常用的床单、枕套的质地主要有全棉和混纺两类。全棉织物柔软透气、使用舒适,但容易起皱、褪色、泛黄、不耐用;而混纺织物既保留了棉的优点,又吸收了化纤的易洗快干、抗皱挺括、不褪色、经洗耐用等优点
制作工艺	卷边宽窄均匀、平齐,缝线牢固,针脚均匀,疏密适度,规格尺寸标准

任务2 ▶ 中式铺床——包四角

一、任务目标 📘

(1)熟悉包角的动作要领和标准。

(2)能够准确包角,做到四角紧密垂直平整,式样一致;四边掖边紧密平整,无水波纹。

(3)操作过程中动作娴熟、敏捷,姿态优美,能体现岗位气质。

二、知识图谱 📊

(1)"包四角"的操作流程

右手轻抬床垫,左手顺势将短边 1/3 床单掖入床垫下面(图 3-8)。

左手抓住床单底部,拉平、拉紧短边(图 3-9)。

右手将垂下的床单拎起,拉直与床侧面平齐,形成光滑平直的面(图 3-10)。

图　3-8

图　3-9

图　3-10

左手五指并拢,将下垂部分顺势塞入床垫(图 3-11)。

左手护住边角,右手将侧面多余床单掖入床垫下(图 3-12)。

边角垂直紧密且平整,边线紧密平整,无挂边、无水波纹(图 3-13)。

图　3-11

图　3-12

图　3-13

（2）包四边四角的操作视频

包四边四角

三、任务实施

（1）实训物品领取单

实训物品领取单如表 3-5 所示。

表　3-5

小组名称：			领取时间：
物品名称	数量	物品完好程度	备　　注
床架	1		
床垫	1		
工作台	1		
床单	1		
领取人：			归还时间：

（2）请梳理"包四角"的操作流程及动作要领

（3）根据"包四角"的操作流程和标准开展实训

实训内容如表3-6所示。

表 3-6

训练内容	操作说明	要求
准备工作	将床单按要求折叠,平放在工作台	折叠规范
教师示范	（1）结合实操讲解操作流程和动作要领; （2）明确实训任务,分组练习	（1）清楚流程; （2）明确任务
塞床单	（1）以床头左侧角为例,右手轻抬床垫; （2）左手顺势将床单的1/3塞至床垫下的夹缝中,抓住床单底部,拉平拉紧短边	（1）提布到位; （2）披边紧密; （3）动作干净
提布定位	（1）右手顺床的延长线将床单拎起,与床侧面齐平,拉直拉平; （2）左手五指并拢,将下垂部分平整塞入床垫的夹缝中,两条垂边长度要相等	
做角定型	（1）将下垂床单左侧拉至与水平线垂直,形成直角,边线尽量抵紧贴紧拉紧,使床单的直角边与床垫的直角边重合; （2）左手抵住边线,轻抬床垫,右手将侧面多余床单掖入床垫下,做到边线紧密平整	（1）做角精准; （2）边线紧致; （3）表面平整
式样统一	用同样的方法按顺序将其他三个角包好	紧密平整

小贴士:床单平铺打开,组内同学可以同时进行对角线包角训练,依次轮换。注意操作过程中不要过于用力抬高床垫。

四、任务评价

"包四角"操作评价表如表3-7所示。

表 3-7

评价内容:1分10秒内完成"包四角"的操作　　　　　　　　　被评价人:

项　目	评价要求	分值	自评(Y/N)	他评(Y/N)
准备工作	床垫、床架摆放整齐	0.5		
	床单规范折叠,放置于工作台上	0.5		

续表

项　目	评价要求	分值	自评(Y/N)	他评(Y/N)
塞床单	轻抬床垫,将部分床单塞入床垫	1		
提布定位	提布定位准确,动作干净	1		
做角定型 式样统一	做角精准,一次成型	1		
	四角紧密垂直平整,式样一致	2		
	四边掖边紧密平整,无水波纹	2		
整体评价	操作过程中动作娴熟、敏捷,姿态优美,能体现岗位气质	1		
操作时间	1分10秒以内	1		
总 分 合 计		10		

总评:　□优秀(9~10分)　　□良好(7~8分)　　□合格(5~6分)　　□待提升(5分以下)

教师评估 及意见	

五、知识链接

操作小技巧:包角细节——如何形成等腰直角三角形

以床头左侧角为例,右手轻抬床垫,左手顺势将床单的1/3塞至床垫下的夹缝中(图3-14)。同时,左手抓住床单底部,拉平拉紧短边。

右手顺床的延长线将床单拎起,拉直拉平,与床侧面平齐;左手五指并拢,将下垂部分平整塞入床垫的夹缝中,两条垂边长度要相等,从而保证形成等腰直角(图3-15)。

将下垂床单左侧拉至与水平线垂直,形成直角。同时,使床单的直角边与床垫的直角边重合。接着,左手抵住边线,轻抬床垫,右手将侧面多余床单掖入床垫下(图3-16)。

图　3-14

图　3-15

图　3-16

任务3 中式铺床——开被套

一、任务目标

（1）熟悉开被套的动作要领和标准。

（2）能够一次性铺开被套，做到被套开口在床尾，正反面准确，表面平整光滑。

（3）操作过程中动作娴熟、敏捷，姿势规范，能体现岗位气质。

二、知识图谱

（1）开被套的流程

双手将工作台上的被套，拿至床尾（图3-17）。

双手将被套沿床中线抛出，被套头不落地，自然下垂（图3-18）。

两手相距80～90cm，身体稍前倾，手心向上，提起被套（图3-19）。

图　3-17　　　　　　　　图　3-18　　　　　　　　图　3-19

双手用力向上提，向外打开，顺势将被套向后拉，使被套前端与床垫前端齐平（图3-20）。

被套平铺于床垫上，表面平整，凸缝朝上，被套口在床尾（图3-21）。

双手迅速叉开被套口，让空气进入（图3-22）。

图　3-20　　　　　　　　图　3-21　　　　　　　　图　3-22

（2）开被套的操作视频

开被套

三、任务实施

（1）实训物品领取单

实训物品领取单如表 3-8 所示。

表　3-8

小组名称：			领取时间：
物品名称	数量	物品完好程度	备　　注
床架	1		
床垫	1		
被套	2		
工作台	1		
床单	1		
领取人：			归还时间：

（2）请梳理开被套的操作流程及动作要领

（3）根据开被套的操作流程和标准开展实训

实训内容如表 3-9 所示。

表　3-9

训练内容	操作说明	要求
准备工作	（1）按要求铺好床单、包好四角； （2）将被套按要求折叠，平放在工作台	（1）包角整齐； （2）折叠规范
教师示范	（1）结合实操讲解操作流程和动作要领； （2）明确实训任务，分组练习	（1）清楚流程； （2）明确任务
开被套	（1）将被套从工作台拿到床垫上； （2）双臂伸直展开，左手抓单举高，右手将被套放置在床垫上，顺势将尾部打松	
抛被套	（1）站在床尾，腿呈弓步，身体稍向前倾，两手抓住被套侧中线的位置，手心向上，顺势将被套提起约70cm高，使被套呈鼓起状并顺着气流飘开； （2）当气流将被套尾部冲开的瞬间顺势将被套轻轻放下，使其平铺于床垫上	（1）动作规范； （2）操作流畅

训练内容	操作说明	要求
拉被套	(1) 双手将被套向后拉至被套前端与床垫前端齐平的位置; (2) 被套平铺在床垫上	(1) 开口正确; (2) 凸缝朝上; (3) 平整光滑
叉开被套口	将垂在床尾的被套向上打一褶,双手叉开被套口	开口适度

小贴士:实训中用2床被套可提高训练效率,1人练习开被套,另外2人负责折叠,依次轮换。

四、任务评价

开被套操作评价表如表3-10所示。

表 3-10

评价内容:30秒内完成开被套的操作　　　　　　　　　被评价人:

项　目	评价要求	权重	自评(Y/N)	他评(Y/N)
准备工作	床垫、床架摆放整齐	0.5		
	被套规范折叠,放置于工作台上	0.5		
抖被套	站在床尾,抖开被套	2		
抛被套	一次抛开,平铺于床垫上	2		
拉被套	被套正反面正确,凸缝朝上	1		
	被套开口在床尾	1		
叉开被套口	开口大小适宜	1		
整体评价	操作过程中动作娴熟、敏捷,姿态优美,能体现岗位气质	1		
操作时间	30秒以内	1		
总　分　合　计		10		

总评: □优秀(9~10分)　　□良好(7~8分)　　□合格(5~6分)　　□待提升(5分以下)

教师评估 及意见	

五、知识链接

操作小技巧:客房中式铺床操作要领

1. 灵活运用手指

在中式客房铺床操作中,手指的运用非常关键。铺床单、开被套时都需要运用到手指的巧力。包角塞边时,需要四个手指保持合并状态,将多余的边掖入床垫中。

2. 协调好用力方向和部位

在中式客房铺床操作时,不同的用力大小、用力部位和用力方向都会影响铺床的质量。同时,每个操作者的身高和体态不同,即使是同样的用力方式也不能达到同样的效果,因此在掌握技术要领后,可通过后臂、前臂、手腕等部位进行用力部位和方向的协调,寻找自己的最佳发力点。

3. 掌握好铺床节奏

在中式客房铺床操作时,床单和被套极易受到空气流的影响,从而改变床单和被套的状态。因此,操作者要控制好空气流动方向,找准时机,控制手臂、手腕,自上而下,特别要注意在这个过程中要稍作停顿,同时对每个铺床步骤进行变换节奏。

任务4 中式铺床——入被芯

一、任务目标

（1）熟悉入被芯的动作要领和标准。

（2）能够一次性套入被芯,符合操作要求和标准。

（3）操作过程中动作娴熟、敏捷,姿态优美,能体现岗位气质。

二、知识图谱

（1）入被芯的操作流程

将被芯从工作台拿到床尾,放于被套开口的居中位置（图3-23）。

一手抓住被芯,另一手掀起被套上层,将被芯完全放入被套,并横向展开,被芯长宽方向与被套一致（图3-24）。

抓住被芯两角向床头被套的两角伸进,使得被芯头部塞入被套顶部并填实（图3-25）。

被芯角左右两边各对齐被套角左右两边（图3-26）。

伸出一只手,抓住被头,另一只手理顺被芯（图3-27）。

两手相距60～80cm抓住被头,腿成弓步,手心向上（图3-28）。

图 3-23

图 3-24

图 3-25

图 3-26

图 3-27

图 3-28

顺势将被子收于肩膀之上(图 3-29)。

双手抬高举起被子抖动,使被芯完全下垂。双手均衡用力将被头抛向床头(图 3-30)。

双手伸进被套尾部,整理两角,拉平被套(图 3-31)。

图 3-29

图 3-30

图 3-31

抓住床尾两角抖开被子,并一次抛开定位,使被子平铺于床面上,被套中线居中,被头与床头平齐(图 3-32)。

被子尾部翻折至床面,将被套开口处的绳子系成蝴蝶结,并规范收口,保证绑绳及羽绒被被芯不外露(图 3-33)。

被头朝床尾方向反折 45cm,两端对齐,翻折面平整光滑(图 3-34)。

图 3-32

图 3-33

图 3-34

整理床尾,拉住被角,做成直角状(图 3-35)。

被子尾部自然下垂,表面平整,两角一致(图 3-36)。

床面挺括,整齐美观(图 3-37)。

图 3-35

图 3-36

图 3-37

（2）入被芯的操作视频

入被芯

三、任务实施

（1）实训物品领取单

实训物品领取单如表 3-11 所示。

表　3-11

小组名称：			领取时间：
物品名称	数量	物品完好程度	备　　注
床架	1		
床垫	1		
工作台	1		
被套	1		
床单	1		
被芯	1		
领取人：			归还时间：

（2）请梳理入被芯的操作流程及动作要领

（3）根据入被芯的操作流程和标准开展实训

实训内容如表 3-12 所示。

表　3-12

训练内容	操作说明	要　　求
准备工作	（1）按要求铺好床单、包好四角； （2）将被套按要求打开，整理开口； （3）将被芯按 S 形折叠，平放在工作台	（1）包角整齐； （2）放置规范
教师示范	（1）结合实操讲解操作流程和动作要领； （2）明确实训任务，分组练习	（1）清楚流程； （2）明确任务

学习笔记

训练内容	操 作 说 明	要　　求
放被芯	将被芯从工作台拿到床尾,放到被套开口的居中位置并横向展开,被芯长宽方向与被套一致	(1) 居中放置; (2) 方向一致
塞两角	(1) 抓住被芯两角向床头被套的两角伸进,使得被芯头部塞入被套顶部并填实; (2) 抖开被芯,左右两边被芯角各对齐左右两边被套角	(1) 两角到位; (2) 两侧均匀
抖被子	(1) 两手伸出,抓住被头两个角; (2) 双手抬高抖动使被芯完全下垂,尽量使被套与被芯两边的空隙均匀	
抛被头	(1) 两手相距 60～80cm,腿成弓步,身体稍向前倾,手心向上; (2) 双手将被头抛向床头,使被头与床头平齐	一次抛开
整理被芯	(1) 整理床尾被套内的被芯,整理侧两边; (2) 调整居中,使被芯与被套两边的空隙均匀; (3) 被芯在被套内四角到位	(1) 四角到位; (2) 中线居中
系蝴蝶结	(1) 将被尾翻折至床面,将开口处的绳子系成蝴蝶结形状,系好后翻折回去; (2) 整理被套口,平整且要收口,被芯、绑绳不外露	(1) 绳不外露; (2) 芯不外露
翻折整理	将被头朝床尾方向翻折 45cm,注意翻折后的中心线要对齐	(1) 翻折到位; (2) 中线对齐
整理被尾	使被子尾部自然下垂,并将被尾两角做成直角状,自然下垂	(1) 下垂自然; (2) 两角一致

　　小贴士:小组合作可以提高训练效率,1人练习入被芯,另外 2 人负责拆被芯,新一轮开始时依次轮换开被套。

四、任务评价

　　入被芯操作评价表如表 3-13 所示。

表　3-13

评价内容:2 分钟内完成入被芯的操作　　　　　　　　　　　被评价人:

项　　目	评 价 要 求	权重	自评(Y/N)	他评(Y/N)
准备工作	床垫、床架摆放整齐	0.5		
	被芯规范折叠,放置于工作台上	0.5		
放被芯	被芯放于床尾,长宽方向一致	0.5		

续表

项　　目	评价要求	权重	自评（Y/N）	他评（Y/N）
塞两角	抓住被芯两角一次性放入被套内，抖开被芯，操作规范、利落	1		
抖被子	被芯在被套内两侧，两头平整	1		
抛被头	一次抛开定位，平铺于床上	1		
整理被芯	被芯四角到位，被套中线居中，不偏离床中线	1		
系蝴蝶结	被套口平整且要收口，被芯、绑绳不外露	1		
翻折整理	羽绒被在床头翻折45cm	1		
整理被尾	被子尾部自然下垂，两角一致	0.5		
整体评价	操作过程中动作娴熟、敏捷，姿态优美，能体现岗位气质	1		
操作时间	2分钟以内	1		
总　分　合　计		10		

总评：□优秀（9～10分）　　□良好（7～8分）　　□合格（5～6分）　　□待提升（5分以下）

教师评估及意见	

五、知识链接 🔗

不同被芯填充物如表3-14所示。

表　3-14

填充物	特　　　点
棉花被	制作棉花被的是天然无公害的棉花纤维，而且相比其他材质的被芯来说，棉花被不仅保暖性好，而且价格低于其他被芯
蚕丝被	蚕丝属于一种动物蛋白纤维，而蚕丝被便是由这种纤维制作而成的。蚕丝蛋白纤维富含了18种有益于人体健康的氨基酸，有益于人体睡眠健康，对于女性还有美容保健的效果
羊毛被	羊毛被芯在冬季使用最为广泛，羊毛纤维自然卷曲，里面可以储藏很多的空气，具有很好的保暖效果
纤维被	纤维被，又被分为涤纶、腈纶、丙纶和棉纶等。纤维被是用特殊的工艺制作，所以它的保暖效果也非常好
羽绒被	羽绒是长在鹅、鸭腹部，成芦花花朵状的绒毛。羽绒是世界上最好的保温填充材料，它具有很好的热绝缘性和湿度调节性，能随气温变化而收缩膨胀，产生调温功能，可吸收人体散发的流动热气，隔绝外界冷空气的入侵

任务5 ▶ 中式铺床——套枕头

一、任务目标 🌐

（1）熟悉套枕头的动作要领和标准。

（2）能够规范套枕头，符合操作要求和标准。

（3）操作过程中动作娴熟、敏捷，姿态优美，能体现岗位气质。

二、知识图谱

（1）套枕头的操作流程

枕套的正面沿长边对折，放置于枕头上，开口朝上（图3-38）。

双手抓住枕头口，顺势将枕套平铺在枕头上方（图3-39）。

将枕芯连同枕套一起反扣在工作台上（图3-40）。

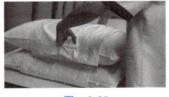  

图 3-38　　　　　　　图 3-39　　　　　　　图 3-40

将枕芯放置于枕套2/3处，一手沿枕芯竖中线按压，另一手捏住两边（图3-41）。

一只手抓住枕芯的两边，另一只手拎起枕套的开口（图3-42）。

一手抓住枕芯用力向下压，将枕芯上端塞进枕套，并顺势将枕芯塞至枕套顶部（图3-43）。

图 3-41　　　　　　　图 3-42　　　　　　　图 3-43

抓住枕芯尾部两角，打开枕套下端开口，将枕芯下端完全塞进枕套（图3-44）。

双手顺势整理好枕套开口（图3-45）。

双手提起枕头，边提边抖动，使枕芯四角到位，饱满挺括（图3-46）。

图　3-44

图　3-45

图　3-46

（2）套枕头的视频

套枕头

三、任务实施

（1）实训物品领取单

实训物品领取单如表 3-15 所示。

表　3-15

小组名称：			领取时间：	
物品名称	数量	物品完好程度	备　　注	
床架	1			
床垫	1			
工作台	1			
床单	1			
被套	1			
被芯	1			
枕套	4			
枕芯	4			
领取人：			归还时间：	

（2）请梳理套放枕头的操作流程及动作要领

_____

_____

_____

（3）根据套放枕头的操作流程和标准开展实训

实训内容如表 3-16 所示。

表 3-16

训练内容	操作说明	要求
准备工作	(1) 按要求铺好床单、包好四角、套好被子并翻折被头45cm； (2) 将枕芯、枕套按规范平放在工作台上	(1) 准备到位； (2) 放置准确
教师示范	(1) 结合实操讲解操作流程和动作要领； (2) 明确实训任务,分组练习	(1) 清楚流程； (2) 明确任务
站位	面向工作台站立	面朝枕头
展枕套	(1) 将枕套铺开,开口朝上； (2) 将枕芯放置在枕套上面	(1) 开口朝上； (2) 放置准确
塞枕芯	(1) 将枕芯竖向对折； (2) 一只手抓住枕芯两边,一只手拿住枕套开口处,将枕芯塞入枕套内	(1) 手位正确； (2) 有序操作
提抖收口	(1) 双手提起枕头,边提边抖动,使枕芯全部进入枕套里,并收好枕套口； (2) 枕芯不外露,枕套平整收口,枕芯四角到位,饱满挺括	(1) 枕芯饱满； (2) 收口平整； (3) 四角到位
叠放整齐	(1) 两个枕头套好后,托起一个叠放在另一个枕头上面,上下枕头中线对齐,两侧两边对齐； (2) 枕头表面平整,四边沿无折痕,自然下垂	(1) 表面平整； (2) 中线对齐； (3) 自然下垂
托放枕头	(1) 用手臂托起两个枕头,放置床头中间； (2) 枕套开口反向于床头柜	(1) 位置居中； (2) 开口反向
检查微整	(1) 检查并微整枕头,要求枕头边与床头齐平； (2) 枕头中线与床中线对齐,枕套沿无折皱,表面平整,自然下垂	(1) 两边齐平； (2) 中线对齐； (3) 表面平整

小贴士:枕头训练一般2人一组,1人套塞枕头时,另1人可帮忙拆,依次轮换,可提高练习效率。

四、任务评价

套放枕头操作评价表如表 3-17 所示。

表 3-17

评价内容:60秒内完成套放枕头的操作　　　　　　　　被评价人:

项　目	评价要求	权重	自评(Y/N)	他评(Y/N)
准备工作	铺好床单、包好四角、套好被子并翻折被头45cm	0.5		
	枕芯、枕套按规范平放在工作台	0.5		
展枕套	枕套开口朝上,放置准确	0.5		

续表

项　目	评价要求	权重	自评(Y/N)	他评(Y/N)
塞枕芯	手位正确,枕芯入套	1		
提抖收口	枕芯四角到位,饱满挺括,枕套平整收口	1.5		
叠放整齐	上下枕头中线对齐,上下对齐	1		
托放枕头	枕头中线与床中线对齐,开口反向床头柜	2		
检查微整	枕套四边无折皱,表面平整,自然下垂	1		
整体评价	操作过程中动作娴熟、敏捷、姿态优美,能体现岗位气质	1		
操作时间	1分20秒以内	1		
总　分　合　计		10		

总评: □优秀(9~10分)　　□良好(7~8分)　　□合格(5~6分)　　□待提升(5分以下)

教师评估 及意见	

五、知识链接 🔗

行业小趣闻:酒店的床上为什么要放四个枕头?

我们发现,根据睡床大小及客房的级别不同,酒店床上的枕头一般在4~10个之间,标配的四个枕头一般是羽绒软硬枕搭配,或者羽绒与纤维枕搭配。这是为什么呢?

1. 可供选择

因为每个人对枕头的需求不同,所以很多酒店会准备不同的枕头,供客人选择。这些枕头的材质和高度都各不相同,客人在这么多枕头中,总能找到一个适合自己的款式。

2. 多重作用

枕头确实是用来枕着睡觉的,但是酒店如果安排四个标配枕头,如果自己不需要另外两个枕头的话,还有其他的作用,比如你睡不着的话,可以将枕头放在悬空的腰椎部位,缓解腰椎的负担和压力。或者侧着睡觉时,还可以抱着枕头寻找安全感。也可以把多出来的枕头当成靠垫,增加舒适感。

大家是不是觉得酒店非常贴心呢?其实除了睡床上的枕头,酒店为住客准备的远远不止这些……很多高端酒店为了满足住宿需求的多样性,还配备了详细的枕芯菜单(pillow menu)。酒店的想法其实很简单:给你最好的睡眠。

任务6 ▶ 客房清洁——认识清洁剂

一、任务目标

（1）熟悉清洁剂的种类和性能。

（2）能够根据清洁对象正确选择和使用清洁剂。

（3）能够规范保管和存放清洁剂。

二、知识图谱

清洁剂的基本类型如表3-18所示。

表 3-18

种 类	pH酸碱度	功 能
浴室清洁剂	＜7（酸性）	浴室内的污垢大多属于碱性类，选择的清洁剂最好是酸性的，能迅速去除瓷质表面的残旧污渍，使其恢复光泽，而且还有一定的杀菌功能
便器清洁剂	＜7（酸性）	对吸附于便器上的污垢有特殊的洗涤、除臭和杀菌功效，但对瓷器表面腐蚀较大，需稀释后使用
多功能清洁剂	7～8（碱性）	略呈弱碱性，可用性较广，除洗涤地毯之外，其他地方均可使用。一般为浓缩型，使用前需按比例进行稀释
玻璃清洁剂	7～10（碱性）	一般玻璃清洁剂均为中、强碱性，使用时不得用抹布蘸清洁剂直接擦拭脏处，这样会造成玻璃表面变花。正确的方法是将清洁剂装在高压喷罐内，使用时对准脏迹喷洒，然后立即用干抹布擦拭便可使脏处光亮如新
家具蜡	8～9（碱性）	家具蜡是一种专门用于家具清洁上光的保养性清洁剂，可去除动物性和植物性的油污，并在家具表面形成透明保护膜，可防静电、防霉。使用方法是：第一遍先将家具蜡倒在干抹布或家具表面上进行擦拭、清洁家具，约在15分钟后再用同样方法擦拭第二遍，起到上光作用
地毯清洁剂	中性	因含泡沫稳定剂的量不同，分为高泡和低泡两种。低泡一般用于湿洗地毯，高泡用于干洗地毯。清洁方法是用毛巾蘸清洁剂（也有喷雾的）在脏斑处擦拭即可。要求发现脏斑及时擦除，否则去除效果不明显

续表

种　类	pH 酸碱度	功　能
金属上光剂	中性	客房内有很多铜制品和电镀器皿,像拉手、灯柱、锁把、水龙头、卷纸架、浴帘挂杆等,这些部位容易印上手印,水龙头等部位容易产生水锈。金属上光剂是通过与接触面发生化学反应,去除铜器表面的手印等,使表面光洁如新,手感柔滑。使用方法是将上光剂倒在柔软的干抹布上,然后对器具进行反复擦拭,最后用一块干净抹布将其擦至发亮
酒精	中性	配备酒精是为了方便消毒电话机等(必须是药用酒精)

三、任务实施

（1）实训物品领取单

实训物品领取单如表 3-19 所示。

表　3-19

小组名称:			领取时间:	
物品名称	数量	物品完好程度	备　注	
消毒液	1 瓶			
多功能清洁剂	1 瓶			
浴室清洁剂	1 瓶			
玻璃清洁剂	1 瓶			
金属上光剂	1 瓶			
酒精	1 瓶			
胶手套	1 双			
标签贴	6 张			
领取人:			归还时间:	

（2）请罗列常用清洁剂的种类及主要用途

_____

_____

_____

_____

（3）根据清洁剂的程序和标准开展实训

实训内容如表 3-20 所示。

表 3-20

训练内容	操作说明	要求
准备工作	准备六种常用清洁剂及胶手套	物品齐全
教师示范	（1）介绍常用清洁剂的性能及主要用途； （2）明确实训任务，分组练习	（1）清晰概念； （2）明确任务
区分清洁剂	选择六种常用清洁剂，根据其 pH 值，贴上对应的标签	归类正确
辨识清洁剂	（1）比较六种常用清洁剂的气味，说明其主要的用途及特点； （2）描述是否需要采取防腐蚀措施； （3）描述是否需要稀释，说明稀释的方法； （4）描述是否需要浸泡，说明浸泡的时间； （5）描述存放的方法	（1）描述正确； （2）表述流畅

小贴士： 污渍遇到被溶解的物质时，都会向外扩散。所以，清理污渍时应从旁边向中心擦拭。对于液体形成的污渍，要尽快用干布吸去，然后再用清洁剂清理。

四、任务评价

辨识清洁剂评价表如表 3-21 所示。

表 3-21

评价内容：辨识常用的六种清洁剂，能描述其主要用途及使用方法　　被评价人：

项　目	评价要求	权重	自评(Y/N)	他评(Y/N)
准备工作	备齐六种常用清洁剂，排列整齐	1		
类别区分	正确归类清洁剂并贴上标签	1		
辨识清洁剂	正确描述各类清洁剂的主要用途及特点	2		
	正确描述是否需要采取防护腐蚀性措施	1		
	正确描述是否需要稀释，说明稀释的方法	1		
	正确描述是否需要浸泡，说明浸泡的时间	1		
	正确描述存放的方法	1		
整体评价	描述过程自信大方，表述流畅	1		
操作时间	5分钟以内	1		
总　分　合　计		10		

总评：　□优秀（8～10分）　　□良好（6～7分）　　□合格（5～6分）　　□待提升（5分以下）

教师评估 及意见	

五、知识链接

常见清洁技巧如表 3-22 所示。

表　3-22

擦划伤	常见于家具表面,可用溶化的蜡液滴在擦伤处,再用软布擦拭
水印和水迹	用湿布覆盖或用软布蘸全能清洁剂擦拭
烫痕	用软布蘸酒精或浓茶水反复擦拭,也可用薄荷油或樟脑油涂在烫痕上
焦痕	用硬币或细砂纸磨掉痕迹,再用家具蜡擦拭
墨迹	用软布蘸肥皂水擦拭
锈斑	用棉布蘸机油反复擦拭
果汁和血渍	用"蓝威宝"清洗
油渍	用抹布蘸去蜡水擦拭

任务7　客房清洁——工作车布置

一、任务目标

（1）熟悉房务工作车物品的标准配备。
（2）能按标准配备好足够的客房用品、棉织品及清洁工具。
（3）房务工作车物品摆放规范、整齐、美观。

二、知识图谱

　　房务工作车是客房卫生班服务员清扫客房时用来运载物品的工具车（图 3-47）。使用房务工作车,可以降低劳动强度和提高客房服务员的工作效率,而且当房务工作车停在客房门外时,可以成为"正在清扫房间"的标志。

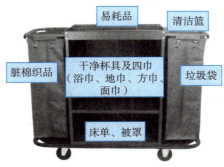

图　3-47

三、任务实施

（1）实训物品领取单

实训物品领取单如表 3-23 所示。

表 3-23

小组名称：			领取时间：
物品名称	数量	物品完好程度	备　注
房务工作车	1辆		
床单、被套、枕套	5套		
四巾等棉织品	5套		包括大浴巾、地巾、方巾、面巾
客用消耗品	5套		包括信纸、信封、茶包、针线包、矿泉水等
清洁用具	1套		包括清洁剂、清洁篮、胶手套、五色抹布等
工作表单	各1本		包括工作表、房间检查报告表、工程维修单
领取人：			归还时间：

（2）请梳理房务工作车物品规范摆放的要求

（3）根据工作车用品配备的流程和标准开展实训

实训内容如表 3-24 所示。

表 3-24

训练内容	操作说明	要　求
准备工作	（1）备好工作车、清洁用具、工作表单； （2）准备床单、被套、枕套、四巾等棉织品、客用消耗品	（1）物品齐全； （2）摆放整齐
教师示范	（1）结合实操讲解工作车配备标准和操作流程； （2）明确实训任务，分组练习	（1）清楚标准； （2）明确任务
清洁工作车	（1）用毛巾把房务工作车内外擦拭干净； （2）检查工作车有无损坏	（1）擦拭干净； （2）车况良好
挂好两袋	布草袋和垃圾袋挂在工作车两头的车钩上，确保牢固	牢固两袋
放置干净布草	（1）把干净的布草放在工作车内，床单被套放在最下层； （2）四巾放在中层	（1）归类摆放； （2）位置正确
放置易耗品	（1）将房间易耗品整齐地摆放在工作车的最上层； （2）物品摆放整齐、美观，方便拿取	（1）物品齐全； （2）规范摆放； （3）方便取用

续表

训练内容	操 作 说 明	要 求
备好清洁用具	(1)将清洁剂、消毒水、清洁刷、手套等清洁工具放置清洁篮内； (2)清洁篮放在工作车垃圾袋的上面； (3)把干净、消毒过的抹布放在工作车外侧的抹布袋里	(1)物品齐全； (2)规范摆放； (3)方便取用
备齐表单	工作表单齐全(工作表、房间检查表、工程维修单)	(1)表单齐全； (2)数量准确
检查核对	检查核对物品是否配备齐全，并做好登记	核对登记

小贴士：房务工作车物品的配备应根据房态来准备，尽量一次性将工作车装满装好，这样可以少跑工作间，提高工作效率。同时，工作车不得摆放与工作无关的其他物品。

四、任务评价

工作车用品配备评价表如表 3-25 所示。

表 3-25

评价内容：在 5 分钟内完成 5 间走客房的工作车用品配备　　被评价人：

项　目	评 价 要 求	权重	自评(Y/N)	他评(Y/N)
准备工作	准备充分、用具齐全	0.5		
清洁工作车	擦拭干净,完好无损	0.5		
挂好两袋	挂好布草袋和棉织品袋	0.5		
放置干净布草	床单、被套放置位置正确	1		
	四巾放置位置正确	1		
摆放客用品	客用品配备齐全,放置正确,摆放整齐	1		
备好清洁用具	清洁用具配备齐全,抹布配备准确,放置位置正确	1.5		
备齐表单	工作表单齐全、数量准确	1		
检查核对	物品配备齐全,做好登记	1		
整体评价	操作过程中动作规范、卫生、娴熟、敏捷,无物品掉落	1		
操作时间	5 分钟以内	1		
总 分 合 计		10		

总评：□优秀(9～10分)　　□良好(7～8分)　　□合格(5～6分)　　□待提升(5分以下)

教师评估 及意见	

五、知识链接 🔗

学习笔记

赛场来风——客房服务现场操作比赛评分标准（房务工作车项目）

2023 年全国职业院校技能大赛中等职业学校酒店赛项增加了房务工作车准备的内容。选手根据组委会统一提供的设备物品，如工作车、客用易耗品、布件和清洁用品等，为两个标准间走客房清扫所需的物品种类和数量，从公用的置物台自取物品准备工作车，操作过程要求规范、安全、卫生，物品摆放便于操作、科学合理。房务工作车项目评分标准如表 3-26 所示。

表 3-26

项目内容	操作流程及标准	分值	扣分
工作车准备（20 分）	工作车及布草袋、垃圾袋整体干净整洁（布制垃圾袋内层套一次性垃圾袋）	1	
	物品摆放整齐、美观，方便拿取。重物在下、轻物在上；高物在后，低物在前	3	
	布草单面朝外，取用方便，操作卫生。（床单 4，被套 4，枕套 8，大浴巾 4，地巾 2，方巾 4，面巾 4。）物品种类、数量准确，多或漏一项扣 0.2 分，扣完为止	3	
	易耗品数量充足，摆放有序。（信纸 2，信封 6，洗衣单 2，酒水单 2，意见书 2，便笺 2，铅笔 2，购物袋 4，针线包 4，茶包 8，矿泉水 4，拖鞋 4，香皂 4，面纸 4，厕纸 4。）物品种类、数量准确，多或漏一项扣 0.2 分，扣完为止	4	
	清洁篮干净，清洁工具及清洁用品完备，不缺项。（清洁篮 1，马桶刷 1，浴缸刷 1，卫生袋 4，垃圾袋 4，多功能清洁剂 1，玻璃清洁剂 1，玻璃刮 1，消毒水 1，胶手套 1，洁厕剂 1，喷水壶 1）。物品种类、数量准确，多或漏一项扣 0.2 分，扣完为止。清洁工具分开摆放，不混放；有一件混放，扣 1 分	3	
	分色抹布（红、黄、蓝、绿、咖各两块）干湿分开、功能分开。有一块抹布混放，扣 1 分。种类、数量准确，多或漏一项扣 0.1 分，扣完为止	2	
	工作表单齐备（工作表 1，房间检查报告表 1，工程维修单 1）。种类、数量准确，多或漏一项扣 0.5 分	1	
	操作过程动作规范、卫生、娴熟敏捷、无物品掉落；物品掉落 1 件扣 0.5 分	3	

任务8 ▶ 客房清洁——卧室的清洁

一、任务目标

（1）掌握标准间卧室清洁流程以及清洁卫生的质量标准。

（2）掌握标准间卧室客用品的摆放标准。

（3）能够根据操作规程完成对标准间（走客房）卧室的清洁工作。

二、知识图谱

客房的清洁保养是客房部的主要任务之一，基本目标如下。

（1）搞好清洁卫生，即除尘除垢、杀菌消毒，保持客房环境清新。

（2）更换、添补客房用品，为宾客提供一个舒适、方便的"家"。

（3）维护保养，满足宾客对客房产品质量的要求，延长客房设备设施的使用寿命，节约成本，增加客房的利润。

卧室清扫程序"十字诀"，如图 3-48 所示。

图　3-48

三、任务实施

（1）实训物品领取单

实训物品领取单如表 3-27 所示。

表　3-27

小组名称：		领取时间：	
物品名称	数量	物品完好程度	备　　注
工作车	1台		
吸尘器	1台		
房卡	1张		
清洁用具	1套		

物品名称	数量	物品完好程度	备　　注
棉织品	1套		
易耗品	2套		
领取人：		归还时间：	

（2）请梳理走客房卧室清扫的基本要求

（3）根据走客房卧室清洁的流程和标准开展实训

实训内容如表3-28所示。

表　3-28

训练内容	操作说明	要求
准备工作	（1）备好工作车、清洁用具、工作表单； （2）准备床单、被套、枕套、四巾等棉织品、客用消耗品； （3）按规范布置好房务工作车； （4）核实房态，确定清洁整理顺序	（1）物品齐全； （2）规范摆放
教师示范	（1）结合实操讲解卧室清洁的操作流程和标准； （2）明确实训任务，分组练习	（1）清楚标准； （2）明确任务
规范进房	（1）注视猫眼，按门铃或敲门，通报客房服务员身份； （2）三次敲门无应答或宾客同意后进入客房，并记录进房时间； （3）工作车停至房门口，吸尘器放在房门口，将房门完全打开，把"正在清洁"牌挂在门锁把手上，然后再巡视一遍房间	（1）礼貌敲门； （2）主动通报； （3）记录时间； （4）规范停车
开窗通风	（1）进房后开窗帘，将窗户打开通风，检查窗帘挂钩滑动是否顺畅； （2）保证空气清新，必要时可喷空气清新剂	检查到位
巡视检查	（1）检查小酒吧有无消耗；若有，及时报前台并补充到位； （2）检查是否有宾客遗留物品； （3）检查房间设备设施及物品有无损坏和丢失	检查到位
清理垃圾	（1）收拾桌面和地面的垃圾，将垃圾倒入工作车的垃圾袋里； （2）清洁垃圾桶，并清洗或擦拭干净	（1）清理垃圾； （2）清洁到位
撤出物品	撤出用过的脏杯具、餐具等	规范撤出
撤床	撤出床上用品	边撤边查
清洁卫生间	根据卫生间清扫顺序清洁卫生间（见任务九）	
铺床	根据客房铺床程序操作	

续表

训练内容	操作说明	要求
擦尘除迹并检查设备	(1) 按顺时针或逆时针的顺序,擦拭房间家具设备的浮尘,清除污渍; (2) 擦拭过程中检查设备是否正常	(1) 干湿分开; (2) 从上到下; (3) 不留死角
补充房间易耗品	根据酒店规定的房间用品量及摆放要求补充客用品	(1) 配齐物品; (2) 规范摆放
吸尘	(1) 由里到外进行吸尘,如是地毯,需检查地毯有无破损、污渍; (2) 边吸边调整好家具位置,并注意边角处的吸尘	规范吸尘
关窗、拉帘	(1) 将纱窗帘拉上,完全合拢; (2) 将遮光帘拉至1/3处	拉帘规范
自我检查	在房门口处,环视客房,检查有无遗漏之处	检查到位
关闭空调关门离房	(1) 关闭空调; (2) 关灯、关门后退出	完全关闭
填写工作日报表	按要求逐项填写报表	准确填写

小贴士:客房物品摆放原则为安全、卫生、实用、美观。

四、任务评价

客房卧室清洁评价表如表3-29所示。

表　3-29

评价内容:在15分钟内完成一间走客房的卧室清洁(不包括铺床)　被评价人:

项　目	评价要求	权重	自评(Y/N)	他评(Y/N)
准备工作	准备充分,用具齐全	1		
规范进房	规范敲门,工作车停放到位	1		
开窗通风	进房开窗通风,拉开窗帘	1		
巡视检查	检查是否有遗留物品 客房物品有无丢失	1		
清理垃圾	规范清理垃圾,倒入大垃圾袋	0.5		
	清洁垃圾桶,更换垃圾袋	0.5		
撤出物品	规范撤出脏杯具、餐具等	1		
	规范撤出脏布草	1		

项 目	评价要求	权重	自评(Y/N)	他评(Y/N)
擦尘除迹	按顺时针或逆时针环形擦拭家具设备,方法得当	2		
	检查设备是否完好,及时报修	1		
补充房间用品	根据酒店规定的房间用品量及摆放要求补充用品	2		
吸尘	规范吸尘,检查到位	1		
关窗、拉帘	将各层窗帘拉至正确位置	1		
自我检查	环视检查,没有漏项	1		
关闭空调 关门离房	完全关闭	1		
填写工作日报表	填写及时、准确完整	1		
整体评价	操作流程规范合理,正确使用清洁用具,清洁方法正确	2		
操作时间	15 分钟以内	1		
总 分 合 计		20		

总评: □优秀(17～20分)　　□良好(14～16分)　　□合格(11～13分)　　□待提升(10分以下)

教师评估 及意见	

五、知识链接 🔗

客房清扫的基本方法如表 3-30 所示。

表 3-30

从上到下	擦拭衣柜、卫生间镜子、卫生间墙壁等应从上部擦起,逐渐向下擦
从里到位	地毯吸尘和擦拭卫生间的地面时,应由里到外,既能保证整洁,又可防止遗漏
先铺后抹	先铺床,后擦拭家具物品
环形清理	在擦拭和检查卫生间、卧室设备物品的路线上,应按照顺时针或逆时针顺序进行环形清扫,以避免遗漏,同时还能节省体力
先卫生间后房间	房间里铺床后空气中有很多浮尘,利用清洁卫生间的时间让之沉淀,最后再来抹尘
干、湿分开	擦拭不同的家具设施及物品的抹布,应严格区别使用。例如,电器设备、绒面家具、墙纸等只能使用干抹布,以避免发生危险、污染家具或墙面
注意墙角	墙角往往是蜘蛛结网和尘土积存之处,也是宾客重视的地方,需要留意打扫

任务9　客房清洁——卫生间清洁

一、任务目标

（1）掌握卫生间的清洁顺序以及卫浴物品的清洁方法。

（2）掌握卫生间清洁卫生的质量标准和客用物品摆放标准。

（3）能够根据操作规程完成对卫生间的清洁工作。

二、知识图谱

卫生间是酒店客房的重要设施，其清洁干净程度是反映客房清洁的重要标志。同时，卫生间容易产生污渍、细菌和异味，是清洁工作的难点。因此，在清洁卫生间时必须非常熟悉卫生间清洁的流程，清楚各环节注意事项，熟悉物品摆放的标准，保证卫生间既清洁美观，又符合卫生标准。

卫生间清扫的流程如图3-49所示。

图　3-49

三、任务实施

（1）实训物品领取单

实训物品领取单如表3-31所示。

表　3-31

物品名称	数量	物品完好程度	备　注
清洁篮	1个		
清洁刷	2个		
清洁剂	3瓶		包括多功能清洁剂、马桶清洁剂、玻璃清洁剂

物品名称	数量	物品完好程度	备　注
消毒液	1瓶		
空气清新剂	1瓶		
五色抹布	各1块		
领取人：		归还时间：	

（2）请梳理清洁卫生间的基本要求

_____

_____

_____

_____

（3）根据卫生间清洁的流程和标准开展实训

实训内容如表3-32所示。

表　3-32

训练内容	操作说明	要　求
准备工作	（1）备好用具：清洁篮1个，清洁刷2个； （2）备好清洁物品：多功能清洁剂瓶、马桶清洁剂、玻璃清洁剂各1瓶，清毒液1瓶，空气清新剂1瓶； （3）备齐抹布：五色抹布各1块	用具齐全
教师示范	（1）结合实操讲解卫生间清洁的操作流程和标准； （2）明确实训任务，分组练习	（1）清楚标准； （2）明确任务
开灯、准备清扫	打开卫生间的灯、排气扇，检查有无损坏	灯具完好
马桶冲水 喷清洁剂	（1）马桶先冲一次水，并滴入清洁剂； （2）对洗脸盆、浴缸等喷洒清洁剂	规范喷洒
清除垃圾 撤脏布草	（1）撤出卫生间垃圾，放进工作车上的大垃圾袋中；清理垃圾桶，换上干净垃圾袋； （2）取走用过的棉织品，放入工作车的布草袋中	（1）清除到位； （2）撤出布草
清洁浴缸及周边	（1）将浴缸塞按下，放少量温水，从墙面到浴缸里外彻底刷洗，后冲洗干净，并用干抹布擦干； （2）用中性清洁剂擦拭浴缸周边的金属件	（1）擦干水渍； （2）擦拭到位
清洗淋浴房	（1）用温水冲洗淋浴房玻璃及玻璃门； （2）用玻璃刮自上而下擦拭玻璃表面，按顺序从上部开始不断地从左至右擦洗，然后反过来，从右到左，一直往下擦洗到底部，必要时使用玻璃清洁剂；	（1）不见污渍； （2）不留水渍； （3）洁净光亮

学习笔记

训练内容	操作说明	要　求
清洗淋浴房	（3）用温水冲洗淋浴房墙壁，用海绵块蘸少许中性清洁剂擦除金属器件的皂垢、水斑； （4）将墙壁和金属器件用干抹布擦干、擦亮； （5）用专用抹布擦净淋浴房墙面	（1）不见污渍； （2）不留水渍； （3）洁净光亮
清洁洗脸盆、化妆台	（1）喷上清洁剂，用面盆刷清洁洗脸盆和化妆台，用清水冲净，用布擦干； （2）用少许中性清洁剂擦除金属物件上的污垢、水斑，用水冲洗后用干抹布擦干、擦亮； （3）擦拭镜子、吹风机等其他物品，并检查是否有故障； （4）检查并清洁洗脸盆下水塞、下水口，确保其可正常使用	（1）不见污渍； （2）不留水渍； （3）洁净光亮； （4）物品完好
清洁马桶检查消毒	（1）用马桶刷清洁马桶内部、垫圈、出水口和入水孔，再用干净抹布将马桶内外壁及盖板擦干擦净； （2）对卫生间各个部位进行消毒	（1）不留异味； （2）消毒到位
补充物品清洁地面	（1）补充卫生间的棉织品和客用品，摆放整齐； （2）用专用清洁抹布，从里到外边退边抹净地面，然后用吸尘器从里到外吸尘	（1）规范摆放； （2）地面洁净
自我检查	检查是否有漏项	确保质量
关灯关门	（1）将卫生间门虚掩； （2）撤走清洁用具	通风透气

小贴士：卫生间的金属制品可以涂上一层薄蜡，以免因脏水溅污而产生锈斑。

四、任务评价

卫生间清洁评价表如表3-33所示。

表　3-33

评价内容：在15分钟内完成一间走客房的卫生间清洁　　被评价人：

项　目	评价要求	权重	自评（Y/N）	他评（Y/N）
准备工作	服务准备充分，用具齐全	0.5		
开灯、准备清扫	开灯、排气扇等，检查有无损坏	1		
	清洁篮放在卫生间适当之处	0.5		
马桶冲水喷清洁剂	马桶冲水，滴入清洁剂	1		
	对洗脸盆、浴缸等喷洒对应的清洁剂	1		
清洁浴缸及周边	浴缸及周边清洁到位，无水渍	1		
	擦拭周边金属件，擦干、擦亮	1		

项　目	评　价　要　求	权重	自评(Y/N)	他评(Y/N)
清除垃圾 撤脏布草	垃圾清除到位,换上干净垃圾袋	1		
	分类撤出脏布草,放入布草袋	1		
清洁洗脸盆、 化妆台	洗脸盆、化妆台清洁到位,无污渍、无水渍	1		
	擦拭周边金属物件,要求洁净光亮	1		
	擦拭并检查吹风机、洗脸盆下水口等是否正常	1		
清洁淋浴房	淋浴房玻璃擦干、擦亮	1		
	淋浴房墙壁、金属器件,无污渍、无水迹	1		
清洁马桶 检查消毒	彻底清洁马桶,并对卫生间完全消毒	1		
补充物品 清洁地面	卫生间物品补充到位,并规范摆放	1		
	正确清洁卫生间地面,确保地面无污渍	1		
自我检查	检查是否有漏项	1		
关灯关门	将卫生间门虚掩,撤出清洁用具	1		
整体评价	操作流程规范合理,正确使用清洁用具	1		
操作时间	15 分钟以内	1		
总 分 合 计		20		

总评：　□优秀(17～20 分)　　□良好(14～16 分)　　□合格(11～13 分)　　□待提升(10 以下)

教师评估 及意见	

五、知识链接 🔗

卫生间的消毒方法如表 3-34 所示。

表　3-34

消毒方法	操 作 要 领
通风换气	打开换气扇,改善卫生间的空气环境,防止细菌、螨虫等滋生
消毒	(1) 日常清理卫生间时用含消毒功效的清洁剂擦洗卫生洁具,用清水冲净 并用专用抹布擦干; (2) 定期使用 5% 的漂白粉澄清液擦拭;使用 2%～3% 的来苏水擦拭消毒; 使用比例为 1∶200 的"84"消毒液进行擦拭消毒; (3) 消毒完毕要紧闭门窗约 2 小时,然后进行通风
特殊工作	如住客患肠道或呼吸道疾病,应用以上方法对卫生间进行多次消毒

对客服务——客房服务

项目目标

知识目标

（1）能够描述酒店对客服务的主要工作内容、程序与标准。

（2）能够明确各类客房对客服务的注意事项和操作细节。

技能目标

（1）能够根据操作规程独立完成住客房清洁、小酒吧服务、客衣服务、夜床服务、接听电话、物品租借、遗留物品处理等对客服务。

（2）通过实践练习，提升客房对客服务的熟练度。

素养目标

（1）拓宽岗位认知，提升对酒店工作的认同感。

（2）培养主动服务意识，养成细致、周到的职业习惯。

思政目标

（1）树立正确的职业道德观和职业规范意识。

（2）培养学生爱岗敬业、礼貌待客的职业素养。

知识导图

本项目知识导图如图 4-1 所示。

图　4-1

任务 1 ▶ 客房楼层服务——客房清洁

客房楼层是客房部的主体,其主要的工作任务是为宾客提供一个安全、清洁、舒适、优雅的住宿环境,并针对宾客的习惯和要求做好细致、周到、热情的对客服务。

一、任务目标

(1) 掌握住客房间清洁的内容、程序和方法。
(2) 能够独立完成一间住客房的清洁。

二、知识图谱

住客房清扫主要流程如图 4-2 所示。

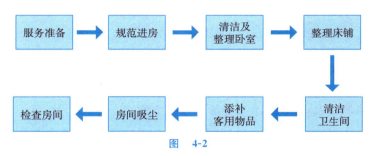

图 4-2

住客房清洁整理注意事项如下。

(1) 注意房门和指示灯的提示信息,如房门一侧的墙上亮有"请勿打扰"指示灯时,不要敲门进房,待宾客方便时再提供服务。

(2) 注意做好客房清扫的标志,如房门打开并悬挂"正在打扫"牌等。

(3) 清扫工作以不打扰宾客为准则,宾客在房间时,必须征得宾客同意。

(4) 如果宾客在房内,除了必要的招呼和问候外,不应主动与宾客闲谈。

(5) 不能让闲杂人员进入客房,如果宾客中途回房,需礼貌查验住宿凭证,核实其身份。

(6) 尊重宾客的生活习惯,宾客的文件、书籍等不要随便合上,不要随意移动位置,更不能翻开;不要触摸宾客的手表、平板电脑等贵重物品。

三、任务实施

(1) 任务分配表
任务分配如表 4-1 所示。

表 4-1

任务描述	客房服务员小陈要对一间宾客不在房内的住客房进行清洁。小组根据实训任务,查阅相关资料,梳理住客房清洁服务的注意事项,绘制住客房清洁服务流程图,然后根据住客房清洁的操作流程和标准进行实践操作
组长	
组员	
任务分工	

（2）实训物品领取单

实训物品领取单如表 4-2 所示。

表 4-2

小组名称:			领取时间:
物品名称	数量	物品完好程度	备 注
房务工作车	1		
吸尘器	1		
清洁篮	1		
房卡	1		
客房清扫日报表	1		
领取人:			归还时间:

（3）梳理住客房清洁的注意事项

（4）绘制住客房清洁的操作流程图

（5）根据住客房清洁操作流程和标准开展实训

实训内容如表4-3所示。

表 4-3

步 骤	操作及说明	要 求
服务准备	（1）根据工作任务规范开班前例会； （2）规范领取钥匙、清洁用具等用品； （3）布置好房务工作车； （4）核实房态，确定清洁整理顺序	（1）准备充分； （2）用具齐全
规范进房	（1）注视猫眼，按门铃或敲门，通报客房服务员身份； （2）敲门三次无应答或宾客同意后进入客房，并记录进房时间； （3）工作车停至房门口，吸尘器放在房门口，若宾客在房内，工作车朝里挡住房门口的1/3处，不妨碍宾客进出	（1）礼貌敲门； （2）主动通报； （3）记录时间； （4）规范停车
开窗通风	打开窗帘，将窗户打开通风（必要时可喷空气清新剂），检查窗帘挂钩是否滑动顺畅及电动窗帘开关是否正常	检查到位
检查客房小酒吧	（1）检查客房小酒吧有无消耗，核实"酒水单"； （2）登记"酒水单"录入账单	（1）统计消耗； （2）账单录入
清理垃圾撤出物品	（1）收集房内垃圾，将垃圾倒入工作车上大垃圾袋中，并清洁垃圾桶，更换垃圾袋； （2）撤出脏杯具、茶具等	（1）清理垃圾； （2）撤出杯具
床铺整理	根据客房中式铺床操作方法和流程进行整理（见操作模块）	（1）床面干净； （2）整齐美观
擦尘除迹	按顺时针或逆时针的顺序，擦拭房间家具设施的浮尘，清除污渍	（1）干湿分开； （2）不留死角
清洁卫生间	根据卫生间清洁操作方法和流程进行清洁（见操作模块）	（1）干净卫生； （2）没有异味
补充房间用品	添补房间和卫生间的客用品，按要求规范摆放	（1）配齐物品； （2）摆放规范
吸尘	（1）由里到外进行吸尘，并检查地毯有无破损、污渍； （2）理顺吸尘器电源线，规范摆放	（1）规范吸尘； （2）检查地毯
关窗户拉窗帘	关窗，将纱帘拉上，遮光帘拉至1/3处	关窗拉帘
调空调	将空调调至酒店规定的温度	温度适宜
环视检查关门离房	（1）环视客房，检查是否有漏项； （2）如果宾客在房间，要向宾客表示谢意，然后退后一步，再转身离开，并轻轻将房门关上	（1）没有漏项； （2）礼貌离开
登记报表	按要求逐项填写客房清扫日报表	完整登记

小贴士：女性用的化妆品，可稍加整理，但不要挪动位置，即使瓶内的化妆品已经用完了，也不得将空瓶或纸盒扔掉。

四、任务评价

住客房清洁服务评价表如表 4-4 所示。

表　4-4

评价内容:在 25 分钟内完成一间住客房的清洁服务　　　被评价人:

项　目	评 价 要 求	权重	自评(Y/N)	他评(Y/N)
工作准备	服务准备充分,用具齐全	0.5		
	核实房态,确定清扫顺序	0.5		
规范进房	礼貌敲门,主动通报,记录时间,规范停车	1		
开窗通风	进房开窗通风,检查窗帘	1		
检查小酒吧	检查客房小酒吧损耗情况并登记	1		
收集垃圾撤出物品	清理垃圾,撤出脏杯具、脏布草等	1		
床铺整理	床面干净,整齐美观	2		
擦尘除迹	擦拭家具设施的浮尘污渍,方法正确	1		
清洁卫生间	干净卫生,无异味	2		
补充房间和卫生间用品	配齐棉织品和客用品,规范摆放	2		
吸尘	从里到外吸尘,检查地毯情况	1		
关窗户、拉窗帘	关窗拉帘,纱帘须合拢	1		
调空调	将空调调至酒店规定的温度	1		
环视检查关门离房	环视检查房间,关灯关门,礼貌退出	1		
登记报表	及时填写,准确完整	1		
整体评价	操作流程规范合理,正确使用清洁用具	2		
操作时间	25 分钟以内	1		
总 分 合 计		20		

总评:　□优秀(17～20分)　　□良好(14～16分)　　□合格(11～13分)　　□待提升(10分以下)

教师评估及意见	

五、知识链接

行业小知识:客房清扫顺序如图 4-3 所示。

图 4-3

任务2 ▶ 客房楼层服务——小酒吧服务

一、任务目标

（1）掌握小酒吧服务的内容、程序和要求。

（2）能够独立完成小酒吧服务的实践操作。

二、知识图谱

四星级以上的酒店一般在客房内设有小酒吧（包括小冰箱），又称"迷你吧"，主要为住店宾客提供适量的食品、饮品，还有饮用器具和价目单等，其中茶叶、咖啡和饮用水是免费提供的，酒品、食品通常是收费的，如图4-4所示。小酒吧内食品、饮品供宾客自由取用，既方便了宾客，又能增加酒店收入。

图　4-4

三、任务实施

（1）任务分配表

任务分配如表4-5所示。

表　4-5

任务描述	某五星酒店客房服务员小陈在清洁住客房时，按规范检查客房小酒吧，发现两罐啤酒和一瓶苏打水已经饮用。小组根据情境描述，查阅相关资料，梳理小酒吧服务的注意事项，绘制酒店客房小酒吧设计图，然后根据小酒吧服务的实践操作
组长	
组员	
任务分工	

（2）实训物品领取单

实训物品领取单如表4-6所示。

表 4-6

小组名称：			领取时间：	
物品名称	数量	物品完好程度	备　　注	
矿泉水	2			
薯片	2			
啤酒	2			
可乐	2			
领取人：			归还时间：	

（3）梳理小酒吧服务的注意事项

_____

_____

_____

（4）绘制客房小酒吧设计图

（5）根据小酒吧服务的流程和标准开展实训

实训内容如表 4-7 所示。

表 4-7

步　骤	操作及说明	要　求
准备工作	准备小酒吧物品和清单	准备充分
检查核对	（1）检查小酒吧食品、酒水，确认宾客是否有食用； （2）核对宾客食用的食品种类和数量，并确认宾客是否已填写小酒吧账单和签名； （3）将缺少和临近保质期的食品、饮料的种类和数量在工作单上登记	（1）准确核对； （2）确认签名

续表

步　骤	操作及说明	要　求
交单记账	(1) 将填写好的账单,上交领班; (2) 领班根据账单统计填写消耗单,并上交客房服务中心	(1) 规范填写; (2) 及时上交
补充消耗	消耗补足小酒吧的食品、酒水	及时补充
规范摆放	商标朝外,商物在后,归类摆放	摆放整齐

　　小贴士:如果是走客房,在接到宾客离店通知后,尽快掌握宾客姓名、房号、结账时间,迅速进房检查小酒吧食品、饮料消耗情况,并准确填写账单,快速报告前厅收银处。

四、任务评价

　　小酒吧服务评价表如表4-8所示。

表　4-8

评价内容:在3分钟内完成一间住客房的小酒吧服务　　　被评价人:

项　目	评价要求	权重	自评(Y/N)	他评(Y/N)
准备工作	备好小酒吧物品实训用品	1		
检查核对	检查缺损食品,确认宾客填写记录	2		
	检查并登记临保质期的食品	1		
交单结账	规范填写账单,及时上交	1		
补充消耗	及时添补小酒吧的消耗	1		
规范摆放	规范摆放,整齐美观	1		
整体评价	操作流程规范合理	2		
操作时间	3分钟以内	1		
总　分　合　计		10		

总评: □优秀(9～10分)　　□良好(7～8分)　　□合格(5～6分)　　□待提升(5分以下)

教师评估 及意见	

五、知识链接

行业小知识:团房锁吧(Lock Bar)

　　在酒店销售旺季尤其是旅游团队较多的时候,酒店通常会把团队房的迷你酒吧锁上

（锁吧），或撤出迷你酒吧的所有收费物品。因为团队宾客退房时间比较集中,在短时间内客房部服务员需要清点、核对所有团队用房的酒水消费情况并通知前台收银处,这样通常容易发生漏查或数目不相符的情况,给酒店带来损失。有的酒店认为团队宾客迷你酒吧消费不高,通常在宾客提出要求时,先收取保证金,再为宾客恢复迷你酒吧的酒水供应。

任务3 ▶ 客房楼层服务——客衣服务

一、任务目标 🌐

（1）熟悉洗衣服务的方式及种类。

（2）掌握客衣服务的内容、程序及注意事项。

（3）能够独立完成客衣收送的实践操作。

二、知识图谱 🔧

洗衣服务是高星级酒店对客服务中重要的服务项目。从洗涤方式来分,洗衣服务可分为水洗、干洗和熨烫三种;从时间上来分,可分为正常洗和快洗。正常洗多为上午交洗,晚上送回;如下午交洗,则次日送回。快洗不超过4小时便送回,但通常要加50%的加急费,因此要向宾客说明,以免在结账时出现争执。在对客服务工作中,洗衣服务比较容易引起宾客的投诉。因此,提供优质的洗衣服务对提高宾客的满意度具有重要意义。

客衣送洗服务流程如图4-5所示。

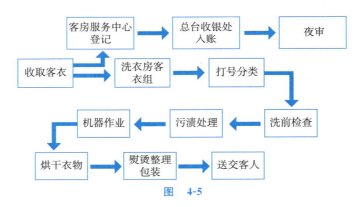

图 4-5

三、任务实施 🛒

（1）任务分配表

任务分配如表4-9所示。

表 **4-9**

任务描述	上午 9:00,一位宾客致电客房服务中心,需要洗一件衬衣,其中衬衣袖口有污渍。小组根据任务描述,查阅相关资料,梳理问题客衣的处理方式,填写洗衣单,然后根据客衣服务的操作流程和标准进行实践操作
组长	
组员	
任务分工	

(2) 实训物品领取单

实训物品领取单如表 4-10 所示。

表 **4-10**

小组名称:			领取时间:
物品名称	数量	物品完好程度	备 注
送洗的衣物	1		
洗衣单	1		
洗衣袋	1		
领取人:			归还时间:

(3) 梳理问题客衣的处理方式

(4) 根据任务描述的情境填写洗衣单

洗衣单如图 4-6 所示。

尊敬的贵宾:

　　如需要使用酒店的洗衣服务,请将衣物连同填好的洗衣单放进洗衣袋内,并拨打宾客服务中心电话,指示酒店员工收取洗衣。

Dear Guest

　　Should you require laundry or valet service.please place your garments in the laundry bag together with a completed laundry list Please, then call Guest Service Center for laundry collection.

湿洗／干洗／烫衣单
AUNDRY/DRY CLEANING/PRESSING

图 **4-6**

PLEASE CALL 请在以下时段拨打	PLEASE TICK 请选择			PRICE 价格
Collected Before 10am 上午十点前收取	☐ Same day service(Returned by 7:00pm same day) 即日服务（即日下午七点送回）			As listed 如下
Collected after 10am 上午十点后收取	☐ Next day service(Returned by tOOpm next day) 翌日服务（翌日下午一点送回）			As listed 如下
Collected between 8am-7pm only 此服务只供从上午八点至下午七点收取	☐ Express service(Returned within 4 hours) 快洗服务（4小时内归还）			As listed+50%additional charge 如下另加50%快洗服务费用
PLEASE TICK 请选择	Shirts: 衬衣：	☐ Folded 折	☐ On Hangers 挂	☐ Starch 浆

ITEM 品名	Laundry湿洗				ITEM 品名	Dry Cleaning干洗			
	PRICE RMB¥ 单价	GUESTCOUNT 客人数量	HOTEL COUNT 酒店数量	TOTAL RMB¥ 金额		PRICE RMB¥ 单价	GUEST COUNT 客人数量	HOTEL COUNT 酒店数量	TOTAL RMB¥ 金额
Jacket外衣	80				Trousers西裤	70			
Shirt衬衫	80				Dress连衣裙	120			
Dress连衣裙	80				Vest背心	45			
T Shirt/Sports Shirt T恤/运动衫	65				Tie领带	45			
Pants/Jeans/Slacks西裤/牛仔裤/宽松	70				Scarf围巾	45			
Skirt-Plain短裙	70				Jacket外衣	85			
Shorts短裤	45				Overcoat大衣	150			
Night Gown睡袍	50				Sweater毛衣	65			
Pyjamas(2pcs)睡衣裤	60				Tuxedo礼服	150			
Bra胸衣	30				Evening Dress晚礼服	130			
Undershirts内衣	30				Qipao旗袍	120			
Underpants内裤	30				Suit(2pcs)西装(2件)	140			
Handkerchief手帕	25				Suit(3pcs)西装(3件)	150			
Stockings袜子/连裤袜	25				Shirt衬衫(丝/绒)	80			
Socks袜子	25				Skirt-Pleated短裙(褶)	70			

ITEM 品名	Pressing烫衣				ITEM 品名				
	PRICE RMB¥ 单价	GUEST COUNT 客人数量	HOTELCOUNT 酒店数量	TOTAL RMB¥ 金额		PRICE RMB¥ 单价	GUEST COUNT 客人数量	HOTEL COUNT 酒店数量	TOTAL RMB¥ 金额
Scarf围巾	25				Suit(3pcs)西装(3件)	130			
Tie领带	25				Night Gown睡袍	40			
Jacket外衣	60				Shirt衬衫(丝/绒)	45			
Overcoat大衣	100				Dress连衣裙	80			
Sweater毛衣	40				Skirt-Pleated短裙(褶)	50			
Tuxedo礼服	100				Trousers西裤	45			
Evening Dress晚礼服	90				Slacks/Jeans宽松裤/牛仔裤	45			
Qipao旗袍	90				Shorts短裤	30			
Suit(2pcs)西装(2件)	100				Vest背心	30			

SPECIAL INSTRUCTION:

特别提示：_____

_____

Total 金额

50% Express Service Charge/50%快洗服务费用

10%Service Charge/10%服务费用

Grand Total 总金额

注意：1)即使本酒店将会悉心处理所托之衣物，但对于衣物的缩水、褪色、纽扣损坏或其他损坏及衣物袋内遗留的物品不承担责任。阁下应自负一切因洗涤衣物所致的后果。任何因洗衣过程面导致损坏之衣物需在二十四小时内提出，并应持有原始单据。2)任何送洗衣物，如果自客人结账商店之日起6个月内无人认领，酒店将不作任何事先通知面处理这些衣物。3)儿童衣物半价。
1)let in the pockets(please make sure that you take all the items out of the pockets).Alllaundry is accepted by the hotel at the guests insk Any dams for damage resulting from the laundry process must be made within 24 hours,and must be accompanied by the originallaundry list.
2)Should any articles sent for cleaning not be claimed within sa months from date of guests departure, the hotel may,without prior notice,dispose the such articles at its discreton.
3)Children's items are half price at hotel's discretion.

图 4-6(续)

（5）根据洗衣服务的流程和标准开展实训

实训内容如表4-11所示。

表 4-11

步　骤	操作及说明	要　求
准备工作	备好衬衣洗衣单、洗衣袋	准备充分
客衣收取	（1）接到宾客的洗衣要求后，迅速前往宾客房间收取衣物； （2）规范敲门，同时询问"您好，请问需要洗衣服务吗"； （3）仔细检查宾客要送洗的衣服口袋是否有遗留物品，纽扣有无脱落，衣物有无严重污渍或破损情况； （4）核对洗衣单上填写的情况是否与衣服实际情况相符，确认无误后由宾客签名确认	（1）及时上门； （2）规范敲门； （3）件数点清； （4）污渍说清； （5）破损查清； （6）单据看清
客衣送洗	（1）将所有送洗衣物记录在客衣收取记录单上； （2）通知洗衣房前来收取客衣，并与洗衣房进行交接	（1）完整登记； （2）规范交接
客衣送还	（1）接收洗衣房送还的衣物时，须仔细核对衣物，点清件数； （2）将客衣送回宾客的房间，并请宾客检查签收； （3）核算金额，及时入账	（1）检查签收； （2）及时入账

小贴士：如发现房间内有需要送洗的衣物，但是宾客没有填写洗衣单，则不要收洗。应将洗衣单放在洗衣袋上面，并留下服务通知单，提醒宾客如果需要洗衣服务，则与房务中心联系。

四、任务评价

洗衣服务评价表如表4-12所示。

表 4-12

评价内容：在5分钟内完成客衣送洗的服务　　　　　　被评价人：

项　目	评价要求	权重	自评（Y/N）	他评（Y/N）
准备工作	备好洗衣服务的实训物品	0.5		
客衣收取	能及时上门收取衣物	0.5		
	在收取宾客衣物时仔细检查衣服情况，避免疏漏	1		
	发现客衣污渍，并礼貌向宾客说明	1		
	正确核对洗衣单并确认签名	1		
客衣送洗	填写"客衣收取记录表"	1		
	并与洗衣房规范交接	1		
客衣送还	衣物送交宾客，检查签收	1		
	核算金额，及时入账	1		

学习笔记

学习笔记

项　目	评价要求	权重	自评(Y/N)	他评(Y/N)
整体评价	操作流程规范合理,体现岗位气质	1		
操作时间	5分钟以内	1		
总 分 合 计		10		

总评：□优秀(9~10分)　　□良好(7~8分)　　□合格（5~6分）　　□待提升(5分以下)

教师评估 及意见	

五、知识链接 🔗

行业来风——自助式洗衣房

　　为了满足住店宾客的洗衣需求,很多酒店会提供24小时的自助洗衣服务。洗衣房配备了洗衣机、烘干机及熨烫设备,还提供多种洗护用品,包含普通洗衣粉、柔顺剂、消毒剂等,为宾客清洗不同的衣服提供便利。同时,洗衣房还设有休息区,如果宾客清洗衣服时间较长,可在休息区等候。酒店自助式洗衣房节省了宾客的时间,又提供了额外的便利,尤其受长住宾客和需要频繁更换衣物的宾客欢迎。如图4-7所示为某酒店洗衣区。

图　4-7

任务4 ▶ 客房楼层服务——夜床服务

一、任务目标 🌐📖

　　(1)掌握夜床服务的内容、程序及要求。

　　(2)能够独立完成夜床服务的实践操作。

二、知识图谱

夜床服务是对住客房进行晚间就寝前整理,又称"做夜床"或"晚间服务",英文名"turn down service",意为帮你把"窗帘拉下"。夜床服务是一种高雅而亲切的对客服务,其作用主要是为宾客准备惬意、温馨的休息和睡眠环境,是较高的一种宾客礼遇规格。夜床服务包括三项工作:房间整理、做夜床、卫生间整理。

房间整理如图4-8所示。

(1)调好空调、拉上窗帘。

(2)清理垃圾和烟灰缸。

(3)更换用过的杯具和餐具。

(4)清洁、整理家具物品。

图　4-8

夜床服务如图4-9所示。

(1)将靠近床头柜一侧的被子向外折45°角。

(2)拍松枕头并将其摆正。

(3)将拖鞋放置在夜床一侧的床边。

(4)在床头柜上摆放晚安卡或小礼品等。

图　4-9

卫生间整理如图4-10所示。

(1)清洗使用过的洗脸盆、浴缸、马桶等。

(2)将地巾放在浴缸外侧的地面上。

(3)整理或更换使用过的毛巾等用品。

(4)将浴室内宾客的个人用品摆放整齐。

图　4-10

三、任务实施

(1)任务分配表

任务分配如表4-13所示。

表　4-13

任务描述	李先生是酒店的VIP客人,请为李先生提供夜床服务。小组接到任务后,分析任务查阅相关资料,梳理夜床服务的主要内容,绘制创意夜床设计图,然后根据夜床服务的操作流程和标准进行实践操作
组长	
组员	
任务分工	

（2）实训物品领取单

实训物品领取单如表 4-14 所示。

表 **4-14**

小组名称：			领取时间：
物品名称	数量	物品完好程度	备　　注
房卡	1		
房务工作车	1		
房态表	1		
夜床报表	1		
领取人：			归还时间：

（3）梳理夜床服务的主要内容

_____

_____

_____

（4）绘制创意夜床服务设计图

（5）根据夜床服务的流程和标准开展实训

实训内容如表 4-15 所示。

表 **4-15**

步　骤	操作及说明	要　　求
服务准备	（1）按规范领取房卡等相关用品用具； （2）准备及布置房务工作车； （3）核实房态，确定清洁整理顺序	（1）准备充分； （2）物品齐全； （3）顺序明确

续表

步　骤	操作及说明	要　求
房间整理	（1）规范敲门，通报身份，房内无回应，服务员用房卡打开门并同时通报"夜床服务"； （2）进房后，先开灯巡视房间，确认房间是否有人或其他特殊情况； （3）调好空调，拉上窗帘； （4）更换用过的杯具，清理垃圾	（1）规范进房； （2）整理到位
开夜床	（1）将靠近床头柜一侧的被头向外折成30°或45°，方便宾客就寝； （2）拍松枕头并将其摆正，如有睡衣应叠好放置于枕头上； （3）在床的一侧铺上地巾并摆放好拖鞋； （4）按酒店规定在床头或床头柜上摆放鲜花、晚安卡或伴手礼等	（1）内容完整； （2）规范操作
卫生间整理	（1）马桶放水； （2）清洗使用过的洗脸盆、浴缸； （3）将地巾放在浴缸外侧的地面上； （4）整理或更换使用过的毛巾等用品	（1）干净卫生； （2）规范摆放
检查记录	（1）环视卫生间和房间，确保无漏项； （2）除夜灯和走廊灯外，关掉所有的灯并关上房门； （3）在开夜床服务的报表上登记	（1）检查到位； （2）规范登记

小贴士：如果是住一位宾客的大床间，夜床开有电话机的一边；住两位宾客，则两边都要开。如果是住一位宾客的双床间，开有电话机的一边；住两位宾客，开有床头柜的一边。

四、任务评价

夜床服务评价表如表4-16所示。

表　4-16

评价内容：在10分钟内完成一间大床房的夜床服务　　　　　**被评价人：**

项　目	评　价　内　容	权重	评价（Y/N）	他评（Y/N）
准备工作	服务准备充分，用具齐全	1		
房间整理	规范进房	1		
	环视客房，确认是否有异常	1		
	开灯、调空调、拉窗帘	1		
	更换杯具、清理垃圾	1		

续表

项 目	评价内容	权重	评价(Y/N)	他评(Y/N)
开夜床	开夜床位置正确,角度合适	2		
	合理放置枕头和拖鞋	1		
	床头柜规范摆放夜床用品	1		
卫生间整理	清洁洗脸盆、浴缸	2		
	合理放置地巾	1		
	更换或添补客用品,摆放到位	2		
检查记录	环视检查,确保无漏项	1		
	规范关灯、关门	1		
	准确登记	1		
整体评价	操作流程规范合理,正确使用清洁用具	2		
操作时间	10分钟以内	1		
总 分 合 计		20		

总评: □优秀(17～20分)　　□良好(15～16分)　　□合格(11～14分)　　□待提升(10分以下)

教师评估 及意见	

五、知识链接 🔗

行业小趣闻:传递品牌精神的夜床小礼

夜床礼物是一个极为生动展示品牌精神的方式,常见的有甜点食品类、实用小礼品类、手工艺品类、温馨卡片祝语类等。

始建于1863年的天津利顺德大饭店,曾经接待过众多全球领导人并见证过许多标志性的活动,因其引以为傲的历史被称为"外交酒店"。他们酒店的夜床礼是将饭店一百五十余年历史融入其中的纪念版明信片或下榻过酒店的孙中山、张学良、梅兰芳等历史名人纪念书签。每天一张不同的明信片或历史名人书签,幸运的宾客会集齐一套。

而以"有温度"著称的香格里拉酒店的夜床礼是在每一个床头柜都会放一本图书,同时在开夜床时,还会在床上放置一枚书签(书签文字摘自该书),给宾客带去平静、悠远的感觉。

把潮玩玩到极致的 W 酒店,更是在夜床礼物上也给人一种天生俏皮的感觉。例如成都 W 酒店则甚至玩起了"抓猫猫"夜床服务。通过一系列提示,找到了藏起来的夜床礼,会给你的夜晚也带来无限欢乐。

任务5 ▶ 客房服务中心——接听电话服务

客房服务中心是客房部的"心脏",对客房部正常运营与管理起着关键作用。客房服务中心负责对客服务的联络协调工作。宾客通过客房内的电话通知服务中心需要的服务,服务中心服务员根据宾客的需求通知相关服务员,服务员根据有关要求和标准完成对客服务工作。

一、任务目标 🌐

（1）掌握客房服务中心接听电话和问询处理的流程和要求。
（2）能够独立完成电话接听及问询处理的实践操作。

二、知识图谱 🏛

客房服务中心主要的工作是接听有关客房服务需求的电话。因此,在客房服务中心工作的员工必须具备话务员的素质,能够用礼貌、亲切的声音接听电话,回答宾客的问询。如果不了解宾客问询的问题,须先向宾客说明原因并致以歉意,然后根据问题转交相应部门处理。同时,在回答宾客问询时,要主动帮助解决问题,为宾客提供满意的入住体验。

一般来电处理流程如图 4-11 所示。

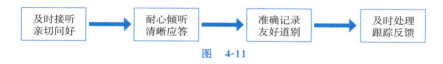

图　4-11

三、任务实施 🛒

（1）任务分配表
任务分配如表 4-17 所示。

表　4-17

任务描述	下午 3:00,客房服务中心接到 1207 房间宾客的来电,宾客觉得房间比较干燥,需要借一台加湿器。小组根据情境描述,查阅相关资料,梳理接听电话的礼貌用语,创作接听电话的情境对话,然后根据房务中心接听电话的操作流程和标准进行实践操作
组长	
组员	
任务分工	

（2）实训物品领取单

实训物品领取单如表 4-18 所示。

表 4-18

小组名称：			领取时间：	
物品名称	数量	物品完好程度	备　　注	
电话机	1			
工作表	1			
加湿器	1			
记录单				
领取人：			归还时间：	

（3）梳理接听电话的礼貌用语

（4）根据任务描述创作接听电话的情境对话

（5）根据客房服务中心接听电话的操作流程和标准开展实训

实训内容如表 4-19 所示。

表　4-19

步　骤	操作及说明	要　求
准备工作	备好电话机等实训用品	准备充分
及时接听 亲切问好	(1) 1207宾客致电客房服务中心,服务人员及时接听电话并亲切问好; (2) 客房服务中心自报家门	(1) 及时接听; (2) 礼貌热情
耐心倾听 了解问题	耐心倾听宾客的问题,了解宾客的问题并及时予以回应	(1) 认真倾听; (2) 及时回应
准确记录 礼貌道别	(1) 在工作表上准确记录宾客来电信息; (2) 与宾客确认信息内容,并询问是否还有其他需要; (3) 礼貌道别,感谢来电; (4) 请宾客先挂电话,挂电话时动作轻柔	(1) 记录准确; (2) 热情礼貌
妥善安排 跟踪反馈	(1) 通知楼层服务员为宾客提供服务; (2) 跟踪服务的落实情况; (3) 做好来电全过程的记录	(1) 及时处理; (2) 跟踪反馈; (3) 做好记录

小贴士:按照5W1H的方式,在工作表上准确记录来电信息,即When(何时)、Where(何地)、Who(何人)、What(何事)、Why(为什么)、How(怎么做)

四、任务评价

接听电话评价表如表4-20所示。

表　4-20

评价内容:5分钟内完成客房服务中心接听电话服务　　被评价人:

项　目	评价要求	权重	自评(Y/N)	他评(Y/N)
准备工作	备好电话机、加湿器	0.5		
及时接听 亲切问好	及时接听电话,亲切问好	0.5		
	自报家门,热情礼貌	0.5		
耐心倾听 了解问题	认真倾听,了解情况,及时回应	1		
准确记录 礼貌道别	信息记录准确、规范、完整	1		
	询问是否有其他事项	0.5		
	礼貌道别,感谢来电	0.5		
	后挂电话,动作轻柔	0.5		

项　目	评价要求	权重	自评(Y/N)	他评(Y/N)
妥善安排 跟踪反馈	及时有效处理宾客的问题	1		
	跟踪服务落实情况	1		
	做好全过程记录	1		
整体评价	操作流程规范合理,礼貌热情、体现岗位气质	1		
操作时间	5分钟以内	1		
总 分 合 计		10		

总评:　□优秀(9～10分)　　　□良好(7～8分)　　　□合格(5～6分)　　　□待提升(5分以下)

教师评估 及意见	

五、知识链接 🔗

行业小知识:通过接听电话来掌握客房状况

　　房务中心是客房信息传递中枢,每天来自宾客、酒店内部的电话记录不下几百条,通过分析房务中心电话记录,我们可以得知宾客潜在的需求和客服工作中的不足。如许多宾客反映房间设备设施不会用、电视打不开、不知如何上网等,这提醒我们尽量提供简单、明了的使用指示或简化设备的操作流程,或者在宾客一进房间时就对其进行详细说明,以方便宾客使用;如果在电话记录中有许多条是反映宾客需要借用物品的,如吹风机、转换器、插线板等,则有必要在房间配备一些常用物件。一方面能及时满足宾客的需求,同时也能减少员工的工作量,提升服务品质。

任务6 ▶ 客房服务中心——物品租借服务

一、任务目标 🌐📻

　　(1)熟悉饭店常备及宾客经常租借的物品。
　　(2)能够独立完成物品租借服务的实践操作。

二、知识图谱

客房部通常会购置一些宾客经常会租借的物品以满足宾客的需求。这些物品的储备品种和数量需根据酒店的档次及服务水平而定,同时还需要考虑酒店的规模和接待经验,常用的物品应多配备一些。

酒店常备租借物品种类如表 4-21 所示。

表　4-21

电线类	各式充电器、插头转换器、万能插座
电器类	吹风机、电暖器、加湿器、熨斗、电蚊香
床上用品类	各式枕头、毛毯、热水袋、婴儿床等
办公用品	订书机、尺子等各类文具用品
餐饮类	开瓶器、勺子、餐具等

对客物品租借服务流程如图 4-12 所示。

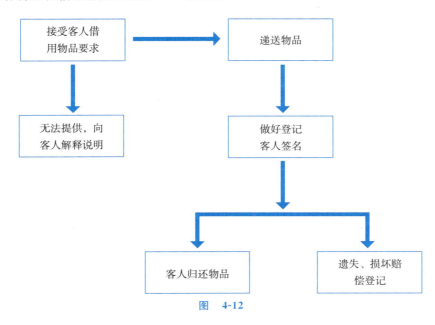

图　4-12

三、任务实施

（1）任务分配表

任务分配如表 4-22 所示。

表 4-22

任务描述	下午 4:00,1207 房间宾客致电客房服务中心,需要借电风扇。小组根据情境任务查阅相关资料,梳理物品租借服务的注意事项,创作情境对话,然后根据物品租借服务的操作流程和标准进行实践操作
组长	
组员	
任务分工	

（2）实训物品领取单

实训物品领取单如表 4-23 所示。

表 4-23

小组名称:			领取时间:
物品名称	数量	物品完好程度	备　注
电风扇	1		
物品租借单	1		
领取人:			归还时间:

（3）梳理物品租借服务的注意事项

（4）根据情境描述创作物品租借服务的对话

（5）根据酒店物品租借操作流程和标准开展实训

实训内容如表 4-24 所示。

表　4-24

步　骤	操作及说明	要　求
准备工作	备好电风扇等实训用品	准备充分
问清需求 记录信息	（1）1207 宾客致电客房服务中心； （2）客房服务中心服务人员接到宾客电话,仔细询问宾客租借 用品的名称及要求、借用时间； （3）服务人员填写物品租借单	（1）及时接听； （2）仔细询问
递送物品 引导使用	（1）仔细检查借用物品的清洁、完好情况,及时将物品送到宾客 房间,并向宾客说明其使用方法； （2）宾客确认物品后,请宾客在客用物品租借登记表上签名	（1）礼貌敲门； （2）递送规范
回收检查 记录清楚	（1）上门收回物品,主动询问宾客使用情况,收回物品后检查并 清洁物品； （2）做好记录	（1）询问确认； （2）记录完整

小贴士：常客借用的物品,可编入客史档案,在其下次入住前先放入宾客房间。

四、任务评价

物品租借评价表如表 4-25 所示。

表　4-25

评价内容：在 5 分钟内完成物品租借服务　　　　　　　　被评价人：

项　目	评 价 要 求	权重	自评（Y/N）	他评（Y/N）
准备工作	备好电风扇等实训物品	0.5		
接受要求 记录信息	及时接听电话	0.5		
	询问清楚借用物品的名称、借用时间等	1		
	填写物品租借单	1		
递送物品 引导使用	及时送达,礼貌递送	1		
	请宾客签名	0.5		
	向宾客说明使用方法	1		
回收检查 记录清楚	主动询问使用情况	1		
	收回物品后,做好清洁和检查	0.5		
	做好记录	1		

学习笔记

项　目	评价要求	权重	自评(Y/N)	他评(Y/N)
整体评价	操作流程规范合理,体现岗位气质	1		
操作时间	5分钟以内	1		
总分合计		10		

总评: □优秀(9～10分)　　□良好(7～8分)　　□合格(5～6分)　　□待提升(5分以下)

教师评估及意见	

五、知识链接 🔗

行业来风——所见即所购

"亚朵"是中国第一家在酒店内建立场景零售业务的连锁酒店,在酒店客房和公共区域嵌入众多购物场景,把酒店做成了带货平台。"所见即所购"是亚朵酒店的核心理念,宾客在酒店体验到的东西,例如枕头、床垫、香薰,甚至是床头摆放的、赠送给宾客的小食品,如果宾客喜欢,当场就可以买单带走,当然也可以通过 App 在线下单并发货到家。"亚朵"构建了一个"场景+零售"的新体验经济模型,运用酒店"沉浸式体验""线下+线上"便捷购物优势,打造了一种让用户"所见即所得,所得即所购"的新消费体验。

任务7 ▶ 客房服务中心——遗留物品处理

一、任务目标 🌐

(1)熟悉酒店遗留物品的处理程序及注意事项。

(2)能够独立完成遗留物品处理的实践操作。

二、知识图谱 🔧

酒店一般把有价值的物品定为宾客的遗留物品,如现金、珠宝、身份证件,具有价值的信函、电子产品等,同时还必须注意物品的时效性,一般易腐烂、易变质、有使用期限的物品不列为宾客遗留物品。

宾客遗留物品处理流程如图 4-13 所示。

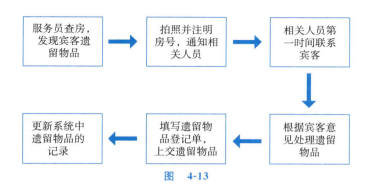

图 4-13

三、任务实施

（1）任务分配表

任务分配如表 4-26 所示。

表 4-26

任务描述	下午,客房服务员小陈打扫一间走客房时,在枕头下发现一本宾客遗留的书籍,立即通过客房服务中心联系前台,发现该宾客已经结账离店。随即,前台马上电话联系了该宾客,宾客已经返程,希望酒店先暂时保管,下周他再来酒店领取。小组根据情境描述,分析实训任务,查阅资料,梳理遗留物品处理的注意事项,创作遗留物品处理的情境对话。然后根据遗留物品处理的操作流程和标准完成实践操作
组长	
组员	
任务分工	

（2）实训物品领取单

实训物品领取单如表 4-27 所示。

表 4-27

小组名称:		领取时间:	
物品名称	数量	物品完好程度	备　注
遗留物品登记表	1		
书	1		
领取人:		归还时间:	

（3）梳理遗留物品处理的注意事项

（4）根据情境任务的描述创作遗留物品处理的对话

（5）根据酒店遗留物品处理流程和标准开展实训

实训内容如表 4-28 所示。

表　4-28

步　骤	操作及说明	要　求
准备工作	备好实训物品（书、遗留物品登记单）	准备充分
发现物品，及时联系	（1）发现遗留物品立即电话联系前台，告知物品详细信息； （2）将情况报客房服务中心进行登记	（1）及时通知； （2）信息准确
联系宾客，确认方式	宾客已结账离开，前台联系宾客告知遗留物品情况，征求宾客处理方式	及时联系
妥善保管	将遗留物品上交到房务中心，做好登记并妥善保管	（1）及时上交； （2）妥善保管
归还物品	（1）根据宾客约定取回物品的时间，事先将遗留物品和登记表核实，交予礼宾部跟进，并在"遗留物品登记本"上进行签收； （2）礼宾部在"遗留物品登记本"上记录，并将书籍存放于礼宾部短期寄存的特定位置； （3）待宾客到店，经双方核对后，请宾客办理领取手续，并做好登记	（1）规范转交； （2）手续完整； （3）及时登记

　　小贴士：若遗留物品属贵重物品且宾客已离开，前台收到楼层电话后应立即通知大堂副理，由大堂副理保管与跟进。

四、任务评价

遗留物品处理评价表如表 4-29 所示。

表　4-29

评价内容：在 5 分钟内完成遗留物品处理　　　　　　　　被评价人：

项　目	评 价 要 求	权重	自评（Y/N）	他评（Y/N）
准备工作	备好"遗留物品登记表"、书籍等实训物品	1		
联系前台	发现遗留物品，及时联系	1		
联系宾客确认方式	及时联系，告知遗留物品情况，并征求处理方式	1		
妥善保管	及时上交房务中心，手续完整	1		
物品归还	部门间转交程序规范，手续完整	1		
	宾客领取流程正确，手续完整	1		
	做好登记	1		
整体评价	流程规范合理，语言规范，能体现岗位气质	2		
操作时间	5 分钟以内	1		
总　分　合　计		10		

总评：　□优秀（9～10 分）　　□良好（7～8 分）　　□合格（5～6 分）　　□待提升（5 分以下）

教师评估及意见	

五、知识链接

遗留物品分类如表 4-30 所示。

表　4-30

贵重物品	珠宝首饰、手机、相机、电器等高价值的物品及所有现金、支票和身份证件等
一般物品	眼镜、钥匙、日常用品以及已开启的食物、饮料、药物

贵重遗留物品原则上保留 12 个月，一般遗留物品保存 3 个月，水果、食品为 2～3 天，药物为 2 周左右，处理掉的遗留物需要更新系统内的记录。

模块三

餐饮模块

操作技能——餐饮技能

项目目标

知识目标

（1）掌握轻托、斟酒、分菜的操作程序和要领。

（2）掌握餐巾折花的基本手法及其要领。

（3）掌握中餐宴会摆台流程和每个餐位的摆放要求。

技能目标

（1）能够根据操作流程和标准完成托盘、斟酒、分菜的实践操作。

（2）能够在规定时间内折叠五种盘花和五种杯花。

（3）能够在规定时间内完成十人位中餐宴会摆台。

素养目标

（1）拓宽岗位认知，提升对酒店工作的认同感。

（2）培养主动服务意识和卫生意识，养成热情、周到的职业习惯。

思政目标

（1）树立正确的职业道德观和职业规范意识。

（2）培养学生爱岗敬业、礼貌待客的职业素养。

知识导图

本项目知识导图如图 5-1 所示。

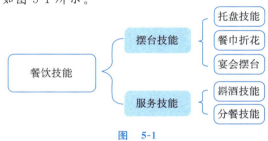

图 5-1

任务1 ▶ 摆台技能——托盘技能

一、任务目标

（1）掌握轻托的操作程序及基本要领。

（2）能够熟练进行轻托行走并灵活运用轻托技能为宾客提供优质的服务。

二、知识图谱

（1）轻托的要领

左大臂与小臂呈 90°（图 5-2）。

掌心向上，五指分开，用手指和掌根部位托住盘底（图 5-3）。

抬头挺胸，目视前方，面带微笑（图 5-4）。

图　5-2　　　　　　　　　图　5-3　　　　　　　　　图　5-4

（2）轻托的操作流程

轻托的操作流程如图 5-5 所示。

理盘 → 装盘 → 起托 → 行走 → 卸盘

图　5-5

（3）轻托的操作示范

轻托技能

三、任务实施

（1）实训物品领取单

实训物品领取单如表 5-1 所示。

表　5-1

小组名称：			领取时间：
物品名称	数量	物品完好程度	备　　注
托盘	1		
砖块	1		
红葡萄酒瓶	1		
领取人：			归还时间：

（2）请梳理轻托的操作程序及要求

（3）根据轻托的操作流程和标准开展实训

实训内容如表 5-2 所示。

表　5-2

训练内容	操　作　说　明	要　　求
准备工作	将托盘和轻托物品按照要求放置在工作台	摆放整齐
教师示范	（1）结合实操讲解轻托的要领、操作流程； （2）明确实训任务，分组练习	（1）清楚流程； （2）明确任务
理盘	（1）用医用酒精将托盘及手进行消毒； （2）将洁净的托盘垫置于盘内	托盘整洁
装盘	（1）重物、高物放在托盘里挡； （2）轻物、低物放在托盘外挡； （3）先上桌的物品在上、在前； （4）后上桌的物品在下、在后； （5）物品之间要留有一定的间距,便于拿放物品	（1）装盘迅速； （2）分布均衡； （3）安全稳当
起托	（1）起托时,左脚在前,屈膝直腰呈半蹲状； （2）左手臂自然弯曲,五指张开,身体略向前倾； （3）右手将托盘从桌边拉出,左手托住托盘中间位置,平托于胸前,然后身体直立,右手自然下垂	（1）动作规范； （2）姿势正确
行走	（1）行走时头正肩平,上身挺直,注视前方,脚步轻快,步伐稳健,精神集中； （2）随着脚步移动,托盘在胸前自然摆动； （3）行走时,做到托盘平稳,动作、表情自然轻松	（1）姿势大方； （2）托盘平稳

续表

训练内容	操作说明	要求
卸盘	右手扶住盘边,屈膝直腰呈半蹲状;左手与桌面齐平位置,将托盘前沿一端搁置在桌面上;右手扶着托盘边沿,用左手手腕轻轻将托盘平稳推至工作台上,双手松开,直起身体,再安全取出	(1) 动作规范; (2) 姿势正确

小贴士:操作训练中,一定要有安全意识,注意对酒瓶等易碎物品的安全使用。

四、任务评价

托盘训练评价表如表5-3所示。

表　5-3

评价内容:托起一瓶红葡萄酒站立2分钟后,在40秒内来回行走50m　被评价人:

项　目	评 价 要 求	权重	评价(Y/N)	他评(Y/N)
准备工作	物品摆放整齐,双手卫生	1		
理盘	托盘干净,垫布平整	1		
装盘	符合装盘原则,物品重量分布均匀	1		
起托	起托平稳、不摇晃	1		
托盘姿势	托盘姿势符合轻托的要领	1		
托盘承重	托一瓶红葡萄酒2分钟	1		
托盘行走	步履轻快,节奏自然	1		
	40秒内来回行走50m	1		
卸盘	卸盘平稳,不摇晃	1		
整体印象	托盘姿势自然协调,脚步轻快,面带微笑,节奏自然	1		
总　分　合　计		10		

总评:　□优秀(9～10分)　　□良好(7～8分)　　□合格(5～6分)　　□待提升(5分以下)

教师评估 及意见	

学习笔记

学习笔记

五、知识链接 🔗

托盘行走的5种步法如表5-4所示。

表 5-4

步　法	操 作 方 法
常步	步履均匀而平缓,端托一般物品时使用常步
快步(疾行步)	步履快而稳,动作协调;端送火候菜或急需物品时,保证菜不变形、汤不洒的前提下,以最快的速度走路
碎步(小快步)	步距小而快的中速行走,适用于端送汤汁多的菜肴及重托物品
跑楼梯步	身体向前弯曲,重心向前,用较大的步距,一步跨两个台阶,一步紧跟一步,上升速度快而均匀,巧妙地借用身体和托盘运动的惯性,既快又节省体力
垫步(辅助步)	侧身时右脚侧一步,左脚跟一步。端送物品到餐厅前欲将所端物品放于餐台上时应采用垫步

任务2 ▶ 摆台技能——餐巾折花

一、任务目标 🌐

（1）掌握餐巾折花的基本技法。
（2）能够熟练掌握5种盘花和5种杯花的折叠方法。

二、知识图谱 🔗

（1）餐巾折花的基本技法
餐巾折花的基本技法如表5-5所示。

折花技法

表 5-5

技法	说　　　明
叠	叠,是最基本的餐巾折花手法,几乎所有的造型都要使用,就是提起餐巾任意两点对折成自己想要的形状,也可以多层折叠,叠的要领是巾边、巾角对齐
折	折,是将餐巾推折成褶裥的形状,使花型紧凑、层次丰富。打褶的拇指和食指捏住餐巾两头的第一个褶,将中指从褶裥中间拿出来至中指的位置,中指再次向前控制下一个褶裥的距离,以此类推。折可以分为直线推折和斜线推折两种方法,它的关键是折出的褶裥均匀整齐

技法	说　明
卷	卷,是用大拇指、食指、中指三根手指协调配合,将餐巾卷成圆筒状。卷的关键在于卷紧、挺括
翻	翻,大都用于折花鸟造型。操作时一手拿餐巾,一手将下垂的餐巾翻起一只角,翻成花卉或鸟的头、膀、尾等形状。翻花叶时,要注意叶子对称、大小一致、距离相等。翻鸟的翅膀、尾巴和头颈时,一定要翻挺不要软折。翻的要领是注意大小适宜、自然美观
拉	拉,一般在餐巾花成形时进行。把半成型的餐巾花拿在左手中,用右手拉出一只或几只角来。拉的要领是大小比例适当、花型挺括
捏	捏,主要用于折鸟的头部造型。操作时先将餐巾的一角拉挺作为颈部,然后用一只手的拇指、食指、中指三个指头捏住鸟颈的顶端,食指向下,将巾角尖端向里压下,用中指与拇指将压下的巾角捏出尖嘴状作为鸟头。捏的要领是棱角分明、头顶角、嘴尖角到位
包裹	包裹,是落杯前的关键步骤,包裹是否美观直接影响着花型最后呈现的整理效果,包裹前需根据伸出部分的长度,预判向上翻折的高度,以保证包裹部分落杯时不超过杯身的 2/3,包裹的要领是包裹平整、整洁

（2）十种杯花的折叠方法

① 和谐之“雀”的折叠方法如图 5-6 所示。

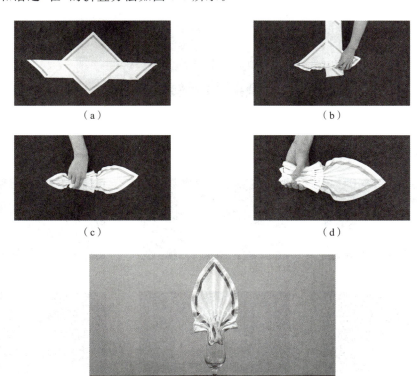

（a）　　　　　　　　　　（b）

（c）　　　　　　　　　　（d）

（e）

图　**5-6**

② 高山之"松"的折叠方法如图 5-7 所示。

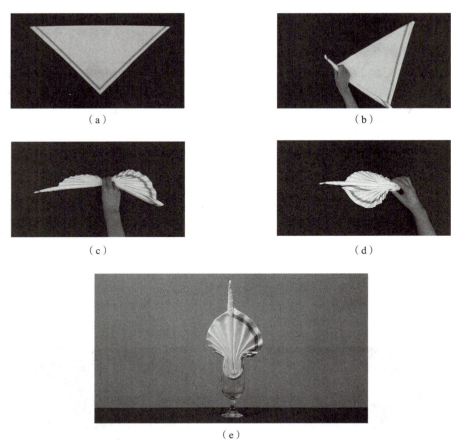

（a）

（b）

（c）

（d）

（e）

图 **5-7**

③ 翱翔之"鸟"的折叠方法如图 5-8 所示。

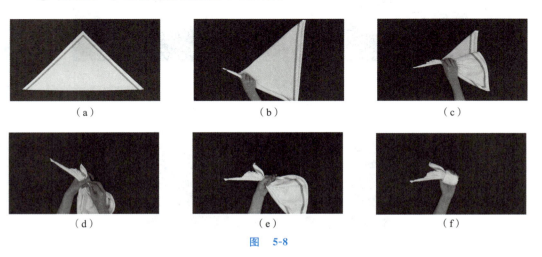

（a）

（b）

（c）

（d）

（e）

（f）

图 **5-8**

（g）

图　5-8（续）

④ 漫天之"樱"的折叠方法如图 5-9 所示。

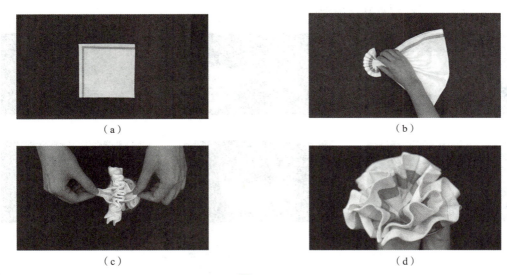

（a）　　　　　　　　　　　（b）

（c）　　　　　　　　　　　（d）

图　5-9

⑤ 沙漠之"鸵"的折叠方法如图 5-10 所示。

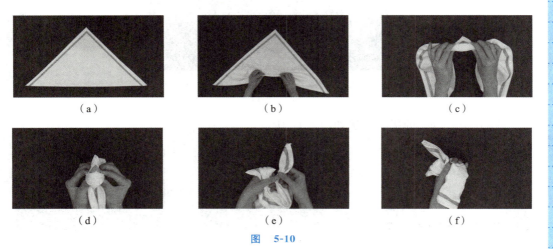

（a）　　　　　　（b）　　　　　　（c）

（d）　　　　　　（e）　　　　　　（f）

图　5-10

（g）

图 5-10（续）

⑥ 守护之"鸟"的折叠方法如图 5-11 所示。

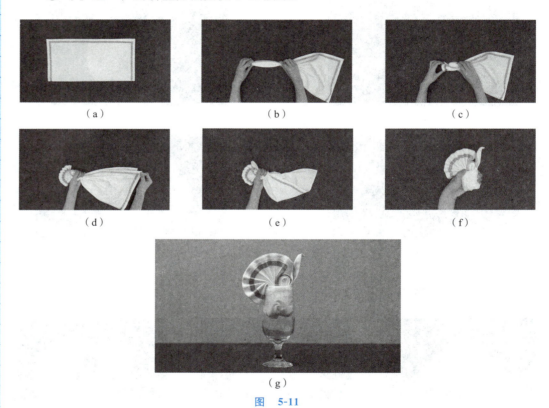

（a）　　　　　（b）　　　　　（c）

（d）　　　　　（e）　　　　　（f）

（g）

图 5-11

⑦ 并蒂之"莲"的折叠方法如图 5-12 所示。

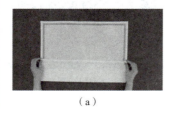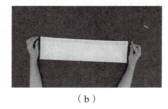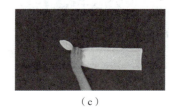

（a）　　　　　（b）　　　　　（c）

图 5-12

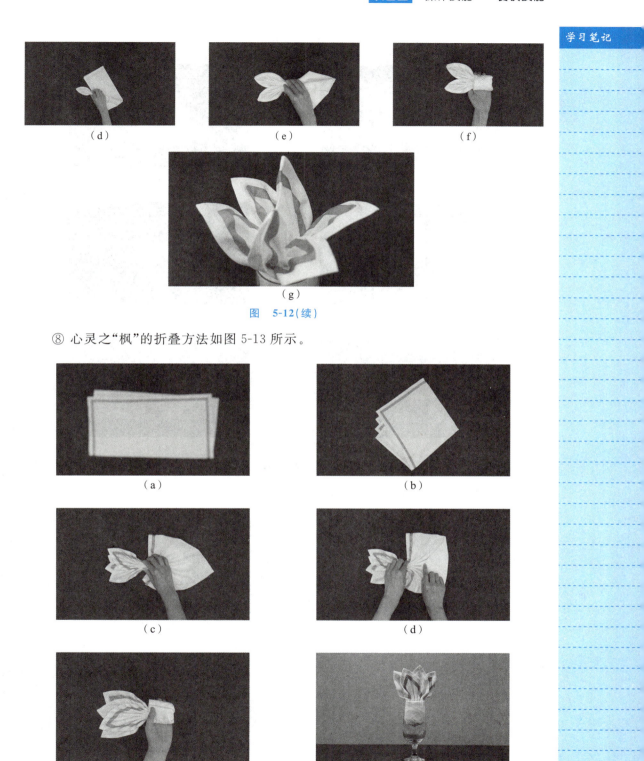

（d）　　　　　　　　　　（e）　　　　　　　　　　（f）

（g）

图　5-12（续）

⑧ 心灵之"枫"的折叠方法如图 5-13 所示。

（a）　　　　　　　　　　　　　　（b）

（c）　　　　　　　　　　　　　　（d）

（e）　　　　　　　　　　　　　　（f）

图　5-13

⑨ 新生之"叶"的折叠方法如图 5-14 所示。

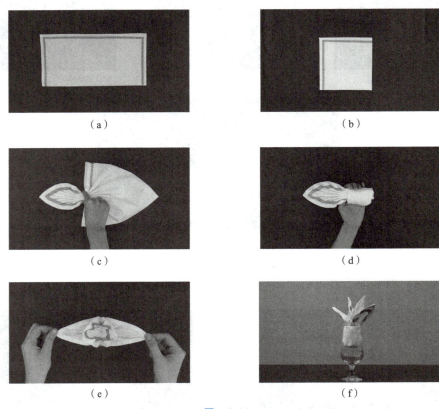

（a）　　　　　　　　　　（b）

（c）　　　　　　　　　　（d）

（e）　　　　　　　　　　（f）

图　5-14

⑩ 自由之"雀"的折叠方法如图 5-15 所示。

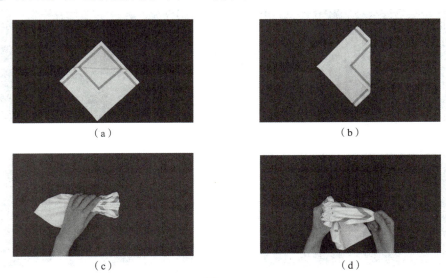

（a）　　　　　　　　　　（b）

（c）　　　　　　　　　　（d）

图　5-15

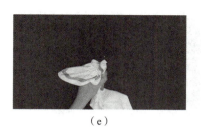

（e）　　　　　　　　　　　　　　（f）

图　5-15（续）

（3）五种常见的盘花折叠方法

① 幸运之"蕉"的折叠方法如图 5-16 所示。

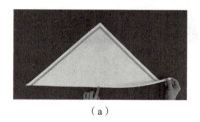

（a）

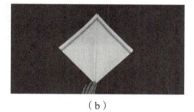

（b）

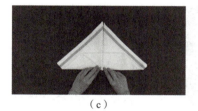

（c）

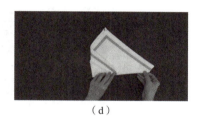

（d）

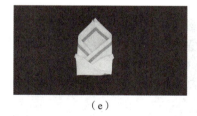

（e）

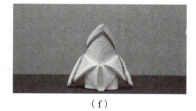

（f）

图　5-16

② 友谊之"舟"的折叠方法如图 5-17 所示。

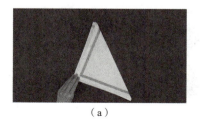

（a）

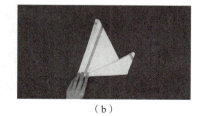

（b）

图　5-17

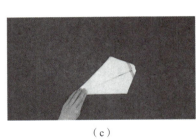

（c）

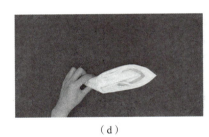

（d）

（e）

（f）

图 5-17（续）

③ 星星之"火"的折叠方法如图 5-18 所示。

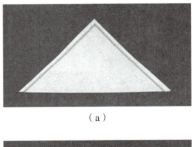

（a）

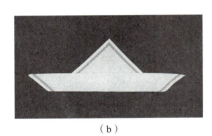

（b）

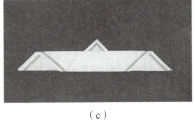

（c）

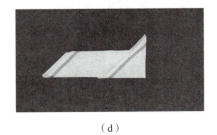

（d）

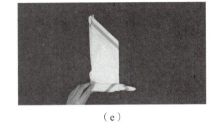

（e）

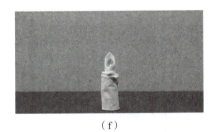

（f）

图 5-18

④ 革命之"心"的折叠方法如图 5-19 所示。

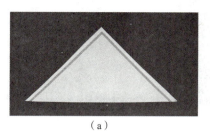

（a）

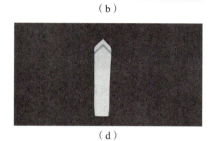

（b）

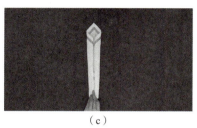

（c）

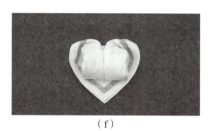

（d）

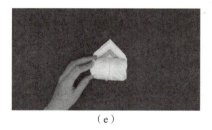

（e）

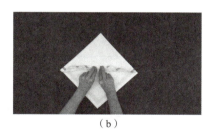

（f）

图　5-19

⑤ 丰盈之"叶"的折叠方法如图 5-20 所示。

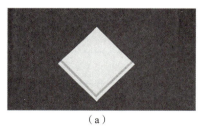

（a）

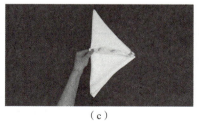

（b）

（c）

（d）

图　5-20

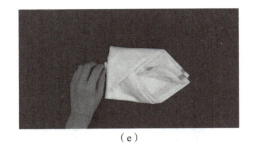
（e）

（f）

图 5-20（续）

三、任务实施

（1）实训物品领取单

实训物品领取单如表 5-6 所示。

表 5-6

小组名称：			领取时间：
物品名称	数量	物品完好程度	备　注
口布	10		
水杯	5		
展示碟/餐碟	5		
折花盘	1		
领取人：			归还时间：

（2）请梳理餐巾折花的基本技法及其操作要领

（3）根据常见杯花花型的折叠开展实训

实训内容如表 5-7 所示。

表 5-7

训练内容	操作说明	要求
准备工作	（1）准备折花盘； （2）将餐巾布正面朝上放于折叠盘上	摆放整齐
教师示范	（1）结合实操讲解餐巾折花的基本手法； （2）明确实训任务，分组练习	（1）熟悉折法； （2）分工明确

续表

训练内容	操作说明	要求
和谐之"雀"（具体折叠步骤如图5-6所示）	（1）将餐巾正面朝上铺平,形成一个菱形,然后抓住餐巾的对角线,向上对折至上巾角的中位线,再拿住下巾角的中位线,向上对折,确保底部两层巾边平齐; （2）将折叠后的餐巾顺时针旋转90°,从餐巾的对角线开始,向两边推折,形成孔雀的羽毛形状; （3）将两边多余的巾角向内卷曲,形成一折; （4）一手握住孔雀的身体部分,另一手将底部巾角翻拉到前部,做出头的形状; （5）将完成造型的餐巾放入杯中,对孔雀的整体造型整理,确保孔雀开屏的形状自然且美观	
高山之"松"（具体折叠步骤如图5-7所示）	（1）将餐巾反面朝上铺平,再对折成三角形,确保两个巾角朝下; （2）从餐巾左侧直角边的一角开始,向斜边方向螺旋卷,直到卷至斜边边的1/3处,此时,斜边与另一条直角长边相等; （3）从卷边向巾角直线推折到底; （4）从褶裥的中点开始,将餐巾向卷边处对折,形成一个扇形; （5）放入杯中,对扇形的边缘和形状进行的整理,确保扇形展开自然,造型美观	（1）比例恰当; （2）褶裥均匀; （3）包裹平整; （4）花型逼真; （5）技法熟练; （6）落杯恰当
翱翔之"鸟"（具体折叠步骤如图5-8所示）	（1）将餐巾反面朝上铺平,然后折成三角形,确保两个巾角朝下; （2）从餐巾左直角边的一角开始,向斜边方向螺旋卷,直到卷至斜角边的1/3处,形成鸟的尾巴; （3）从卷边开始,向斜线推折,形成错落的4～6个褶裥,作为鸟的身体; （4）一只手握住已经形成的鸟身体的部分,将剩余的一个巾角向向翻拉,做出鸟头的形状; （5）整理剩余的餐巾部分,确保没有褶皱,使其平整; （6）将剩余的餐巾进行包边处理,确保鸟的身体与头部得到适当的支撑; （7）放入杯中,对整体造型进行整理,造型生动	
漫天之"樱"（具体折叠步骤如图5-9所示）	（1）将餐巾反面朝上平铺,再将餐巾从下到上,再从右到左对折,折成一个正方形; （2）从底部左侧开始,向前平行推折,形成半圆形状; （3）理平剩余部分,平整包裹后落杯翻开"花瓣"; （4）对整理造型进行整理,造型美观	

训练内容	操作说明	要求
沙漠之"鸵"(具体折叠步骤如图 5-10 所示)	(1) 将餐巾反面朝上铺平,然后折成三角形,确保两个巾角朝上; (2) 从底边中间开始向上推折; (3) 推折至两巾角重合处,留一个小三角区域,作为鸵鸟的尾巴; (4) 再将推折后的餐巾向下对折,形成鸵鸟的身体部分; (5) 一只手握住已经形成的鸵鸟身体部分,另一只手拿起另一个巾角向上翻拉,做出鸵鸟的颈部和头部; (6) 理平剩余部分,平整包裹后落杯,确保鸵鸟的身体和头部得到支撑; (7) 整理好造型,确保鸵鸟的形状自然	
守护至"鸟"(具体折叠步骤如图 5-11 所示)	(1) 将餐巾反面朝上平铺,从上向下对折成长方形; (2) 从左侧的长边向短边平行推折,褶裥长度约长边的一半; (3) 将已经形成的褶裥进行 S 形折叠,预留鸟尾和身体,鸟尾和身体比例协调; (4) 一只手握住已经形成的鸟身部分,另一只手拿起下垂的巾角的部分; (5) 提拉一角做"鸟头"; (6) 整理剩余的餐巾部分,剩余的餐巾进行包边处理,确保鸟的身体与头部得到适当的支撑; (7) 插入杯中,对整体造型进行整理,造型生动	(1) 比例恰当; (2) 褶裥均匀; (3) 包裹平整; (4) 花型逼真; (5) 技法熟练; (6) 落杯恰当
并蒂之"莲"(具体折叠步骤如图 5-12 所示)	(1) 将餐巾正面朝上,拿起下巾角向中心线对折; (2) 同时拿起下巾角和中心线两点,向上对折至两个巾角,形成一个长条形; (3) 从左上巾角所在的中位线的中点开始,向两边推折,形成一个对称的尖角; (4) 拿着左边的褶裥,对齐到右上角巾角的中位线推折,形成两个对称的尖角的形状; (5) 整理剩余的餐巾部分; (6) 将剩余的餐巾进行包边处理; (7) 插入杯中,对造型进行整理,造型美观	
心灵之"枫"(具体折叠步骤如图 5-13 所示)	(1) 将餐巾反面朝上,双手拿住餐巾的下面两角,向上提起并错位折叠; (2) 在第一次折叠的基础上,将餐巾从左到右对折,形成锯齿形状; (3) 从锯齿中心点的中位线的中点向两边平行推折; (4) 将多余餐巾整理平整; (5) 将多余的餐巾进行包边处理; (6) 插入杯中,整理形成的"叶片",确保每一部分都平整且对称	

学习笔记

训练内容	操 作 说 明	要求
新生之"叶"（具体折叠步骤如图 5-14 所示）	（1）将餐反面朝上，将餐巾从下到上对折，形成长方形； （2）再将餐巾从左往右对折，形成正方形； （3）找到四个巾角所在的中位线，从中位线的中点开始，向两边平行推折； （4）一只手握住已经形成的"叶片"的部分，另一只手理平餐巾剩余部分，将多余的餐巾部分进行包裹； （5）将包裹好的餐巾插入杯中，分别拉开四片巾角，形成叶片的形状； （6）对整理造型进行整理，确保叶片对称，整洁	（1）比例恰当； （2）褶裥均匀； （3）包裹平整； （4）花型逼真； （5）技法熟练； （6）落杯恰当
自由之"雀"（具体折叠步骤如图 5-15 所示）	（1）将餐巾折叠成正方形，然后正方形的餐巾摆放成菱形，四个巾角朝上，再将餐巾的前两层巾角向上折叠一半； （2）再将餐巾的后两层巾角向下折叠一半； （3）将折叠后重叠部分进行平行推折； （4）将一边两巾角作为雀身； （5）另一边的一个巾角翻拉出来，作为孔雀的头部； （6）将剩余的餐巾部分包裹后，然后插入杯中，整理好造型	

（4）根据常见盘花花型的折叠开展实训

实训内容如表 5-8 所示。

表　5-8

训练内容	操 作 说 明	要求
准备工作	（1）准备好折叠盘； （2）将餐巾布正面朝上放于折花盘中	摆放整齐
教师示范	（1）结合实操讲解餐巾折花的折叠方法； （2）明确实训任务，分组完成	（1）熟悉技法； （2）分工明确
幸运之"蕉（具体折叠步骤如图 5-16 所示）	（1）将餐巾反面朝上，呈菱形摆放，从下巾角向上折叠成三角形； （2）将左右两个巾角折叠至上巾角处，呈菱形； （3）再将底角向上巾角折叠，然后将底角向下折叠一半； （4）找到左侧角的中位线，将左侧巾角从中位线处反折于背面； （5）找到右侧角的中位线，将右侧巾角从中位线处折叠进另一个巾角内； （6）撑开成形，拉出上面两个松散的角，突出两边，整理好造型，放入盘中	（1）巾花挺拔； （2）造型美观； （3）花型逼真； （4）手法正确； （5）一次成型

训练内容	操作说明	要求
友谊之"舟"(具体折叠步骤如图 5-17 所示)	(1) 将餐巾折叠形成正方形,然后将四个巾角对折至对角,折成三角形; (2) 将三角形的一条腰向高对折; (3) 再将另一条腰向三角形的高对折; (4) 将多余的部分翻折至背面,形成新的三角形,再从三角形的腰对折; (5) 从中间拉出四个巾角,形成帆状; (6) 整理好造型,放入盘中	(1) 巾花挺拔; (2) 造型美观; (3) 花型逼真; (4) 手法正确; (5) 一次成型
星星之"火"(具体折叠步骤如图 5-18 所示)	(1) 将餐巾反面朝上,对角折叠成三角形; (2) 拿起底边向上对折至 1/3 处; (3) 再向上对折至 2/3 处; (4) 将已经形成的长条形,延短边中线对折; (5) 从折叠处向前卷到底; (6) 将多出来的巾角塞入卷边中,整理好造型,放置到盘中	
革命之"心"(具体折叠步骤如图 5-19 所示)	(1) 将餐巾反面朝上,对角折叠成三角形,使得两个巾角向上; (2) 分别找到左右巾角的中位线,向中位线对折; (3) 左右两边的中位线分别向中间卷; (4) 将形成的长条反面; (5) 从底部向上卷到上四个巾角处; (6) 将卷边翻出,形成爱心形状,放入盘中	
丰盈之"叶"(具体折叠步骤如图 5-20 所示)	(1) 将餐巾折叠成正方形,使得四个巾角朝下; (2) 将一个巾角向上折叠,再向下折叠,多次反复,使褶裥均匀; (3) 按住褶裥处,从中间的对角线向反面对折; (4) 找到上角的中位线,将上角从中位线处向上翻折; (5) 找到下角的中位线,将上角从中位线处折叠进另一个巾角内; (6) 将底部撑开呈圆筒状,放入盘中	

小贴士: 在教学过程中可以利用图解、视频等辅助教学工具,帮助学生更直观地理解折花步骤。

四、任务评价

餐巾折花评价表如表 5-9 所示。

表　5-9

评价内容：在 10 分钟内完成 10 种杯花和 5 种盘花的折叠　　　被评价人：

项目	评价要求	权重	自评（Y/N）	他评（Y/N）
准备工作	备齐口布、水杯、餐碟，并按要求摆放整齐	1		
基本技法	餐巾折花的基本手法娴熟、规范且一次成型	2		
杯花折叠	落杯在 1/2～2/3 处，杯花落杯后下端保持整洁	1		
盘花折叠	盘花要摆正、摆稳、挺立、不散	2		
整理印象	整体造型比例协调，巾花挺拔，造型美观	1		
	操作过程符合卫生要求，手势轻巧、灵活，用力得当	2		
操作时间	10 分钟内	1		
合　　计		10		

总评：□优秀（9～10 分）　　□良好（7～8 分）　　□合格（4～6 分）　　□待提升（4 分以下）

教师评估及意见	

五、知识链接 🔗

餐巾的种类及其特点如表 5-10 所示。

表　5-10

区别/种类	全棉和棉麻混纺餐巾	化纤餐巾	维萨餐巾	纸质餐巾
规格	50cm×60cm	35cm×35cm	45cm×50cm	35cm×35cm
平均寿命	4～6 个月	2 年	2～3 年	一次性使用
优点	吸水性强、触感好、色彩丰富、价格适中	色彩丰富、不易褪色、洗后挺括	色彩鲜艳丰富、挺括、不褪色、方便洗涤、经久耐用	卫生方便、成本低
缺点	易褪色、不够挺括、每次需上浆	吸水性差、触感不好	吸水性差、价格较高	一次性使用

任务3 ▶ 摆台技能——宴会摆台

一、任务目标

（1）掌握中餐宴会摆台的操作规程。

（2）能够在 16 分钟之内完成 10 个餐位的摆台操作。

（3）在操作过程中动作规范、卫生，姿态优美，能体现岗位气质。

二、知识图谱

中餐宴会摆台的流程如图 5-21 所示。

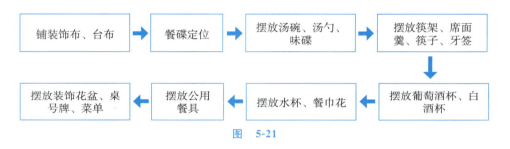

铺装饰布、台布 ➡ 餐碟定位 ➡ 摆放汤碗、汤勺、味碟 ➡ 摆放筷架、席面羹、筷子、牙签

摆放装饰花盆、桌号牌、菜单 ⬅ 摆放公用餐具 ⬅ 摆放水杯、餐巾花 ⬅ 摆放葡萄酒杯、白酒杯

图 5-21

中餐宴会摆台操作标准示意图如下。

（1）铺台布、装饰布的摆放标准如图 5-22 和图 5-23 所示。

图 5-22

图 5-23

（2）餐酒具的摆放标准如图 5-24 所示。

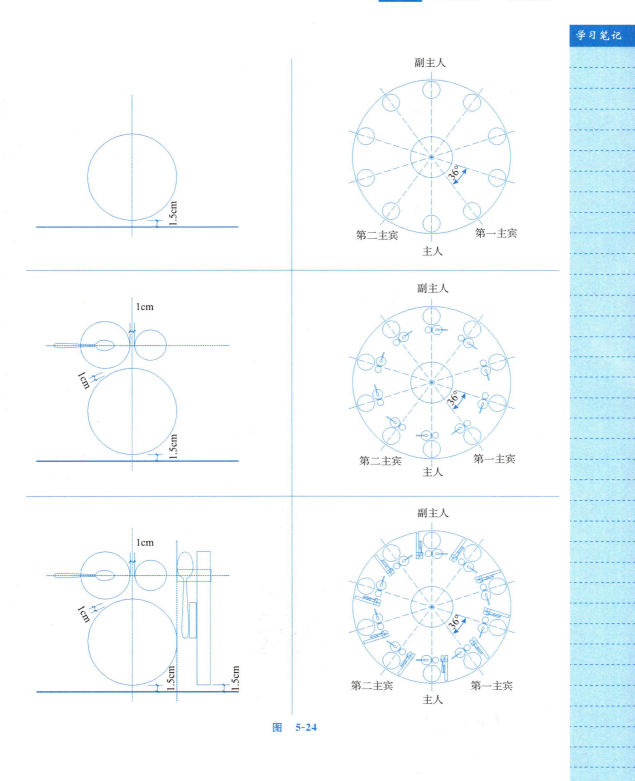

图 5-24

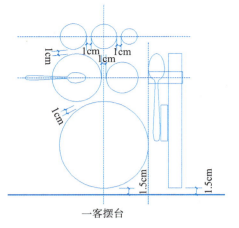

一客摆台

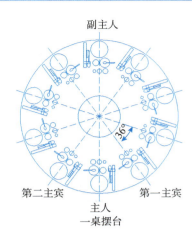

一桌摆台

图　5-24（续）

（3）公共餐具的摆放标准如图 5-25 所示。

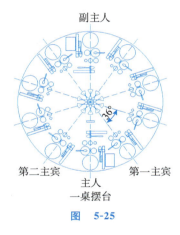

一桌摆台

图　5-25

中餐宴会摆台操作示范如下。

中餐宴会摆台操作

三、任务实施

（1）实训物品领取单

实训物品领取单如表 5-11 所示。

表　5-11

小组名称：			领取时间：
物品名称	数量	物品完好程度	备　　注
圆形托盘	1		
装饰布	1		
台布	1		
餐碟	10		
汤碗	10		
味碟	10		
汤勺	10		
筷架	10		
筷子	12		
长柄勺	12		
牙签	10		
公用筷架	2		
葡萄酒杯	10		
白酒杯	10		
水杯	10		
花盆	1		
桌号牌	1		
菜单	2		
领取人：			归还时间：

（2）请梳理宴会摆台的要领

_____

_____

（3）根据宴会摆台的操作流程和标准开展实训

实训内容如表 5-12 所示。

表 5-12

步 骤	操作及说明	要 求
准备工作	备好餐具,并按要求摆放整齐	规范摆放
教师示范	(1) 结合实操讲解中餐宴会摆台的流程和要求; (2) 教师逐步进行讲解、示范; (3) 明确实训任务,分组完成	(1) 熟悉流程; (2) 分工明确
铺台布、装饰布	(1) 拉开主人位餐椅,在主人位铺装饰布、台布; (2) 装饰布平铺在餐桌上,正面朝上,台面平整,下垂均等; (3) 台布铺在装饰布上,正面朝上;定位准确,中心线凸缝向上,且对准正副主人位;台面平整;台布四周下垂均等	
餐碟定位	(1) 从主人位开始一次性定位摆放餐碟,餐碟边沿距桌边 1.5cm; (2) 每个餐碟之间的间隔要均等; (3) 相对的两个餐碟与餐桌中心点,三点成一条直线	
摆汤碗、味碟和汤勺	(1) 汤碗摆放在餐碟左上方 1cm 处; (2) 汤勺放置于汤碗中,勺把朝左,与餐碟平行; (3) 味碟摆放在餐碟右上方; (4) 汤碗与味碟之间距离的中点对准餐碟的中点,汤碗分别与味碟、餐碟相距 1cm	(1) 站位正确; (2) 台面平整; (3) 下垂均等; (4) 距离均等; (5) 操作卫生; (6) 整齐美观
摆放筷架、席面羹、筷子和牙签	(1) 筷架摆在餐碟右边,其横中线与汤碗、味碟横中线在同一条直线上;筷架左侧纵向延长线与餐碟右侧相切; (2) 席面羹、筷子搁摆在筷架上,筷子与对座餐碟中心线平行,筷尾的右下角距桌沿 1.5cm,筷套正面朝上; (3) 牙签位于席面羹和筷子之间,牙签套正面朝上,底部与席面羹齐平	
摆放葡萄酒杯、白酒杯	(1) 葡萄酒杯摆放在餐碟正上方(汤碗与味碟之间距离的中点线上); (2) 白酒杯摆在葡萄酒杯的右侧,两杯肚间隔 1cm; (3) 摆杯手法正确(手拿杯柄或中下部)、卫生	
摆放水杯及餐巾花	(1) 叠好的餐巾花插入杯中,摆放于葡萄酒杯的左侧,两杯肚间隔 1cm; (2) 三杯杯底中点连成一条直线,该直线与相对的两个餐碟的中点连线垂直; (3) 水杯肚距离汤碗边 1cm	
摆放公用餐具	(1) 公用筷架摆放在主人和副主人餐位水杯正上方,距水杯肚下沿切点 3cm; (2) 公勺、公筷置于公用筷架之上,勺柄、筷子尾端朝右	(1) 位置正确; (2) 整齐美观
上花盆、桌号牌和菜单	(1) 装饰花盆摆在台面正中; (2) 桌号牌摆放在花盆正前方,面对副主人位; (3) 菜单摆放在正副主人位的筷子架右侧,位置一致,菜单右尾端距离桌边 5cm	

小贴士:每组设小组长,一般选择竞赛训练梯队的成员担任。通过预先辅导,使其具备一定的指导能力,在平时的实训课中可以作为小助手。

四、任务评价

中餐摆台评价表如表5-13所示。

表 5-13

考核要求:16分钟内完成中餐宴会摆台操作　　　　**被评价人**:

项　目	评价要求	权重	自评(Y/N)	他评(Y/N)
准备工作	工作台物品齐全,摆放合理、整齐	1		
	桌椅摆放标准	1		
台布、装饰布	在主人位铺装饰布、台布,一次完成	1		
	台面平整,下垂均等	1		
	台布中心线凸缝向上,且对准正副主人位	1		
餐碟定位	餐碟间距相等	2		
	餐碟边距桌沿1.5cm	1		
汤碗、汤勺、味碟	汤碗摆放在餐碟左上方1cm处	1		
	汤勺放置汤碗中,勺把朝左	1		
	味碟摆放在汤碗的右侧,两者相距1cm	1		
	汤碗、味碟之间距离的中点在经过餐碟圆心的台面直径上	1		
	汤碗、味碟的圆心及汤勺在同一水平线上	1		
筷架、席面羹、筷子、牙签	筷架与汤碗、味碟横在同一水平线上	1		
	筷架左侧纵向延长线与餐碟右侧相切	2		
	筷尾的右尾端距桌沿1.5cm	1		
	筷套正面朝上	1		
	牙签套正面朝上,底部与席面羹齐平	1		
葡萄酒杯、白酒杯、水杯	葡萄酒杯摆放在汤碗和味碟之间距离的中点向上延长线上(经过餐碟圆心的台面直径上)	1		
	三杯杯底中点成一水平直线,杯肚相距1cm	2		
公用餐具	公用筷架距离主人和副主人餐位水杯正上方,距杯底3cm	1		
	先勺后筷顺序将公勺、公筷搁摆于公用筷架之上,勺柄、筷子尾端朝右	1		

项　目	评价要求	权重	自评(Y/N)	他评(Y/N)
餐巾折花	花型突出正、副主人位、整体协调	1		
	有头、有尾的动物造型应头朝右(主人位除外)	1		
	巾花观赏面朝向客人(主人位除外)	1		
	巾花种类丰富、款式新颖	1		
	巾花挺括、造型美观、花型逼真、落杯在1/3～1/2处	1		
	操作手法卫生,手不触及杯口及杯的上部	1		
	折叠手法正确,一次性成型	1		
上花盆、桌号牌和菜单	花盆摆在台面正中	1		
	桌号牌摆放在花盆正前方、面对副主人位	1		
	菜单摆放在正副主人的筷子架右侧,位置一致,菜单右尾端距离桌边1.5cm	1		
整体评价	台面摆台整体美观、便于使用、具有艺术美感	2		
	操作过程中动作规范、娴熟、敏捷、声轻,姿态优美,能体现岗位气质	3		
操作时间	16分钟内	1		
总 分 合 计		40		

总评:　□优秀(37～40分)　　□良好(33～36分)　　□合格(29～32分)　　□待提升(28分以下)

教师评估及意见	

五、知识链接

理论小知识:中餐宴会座次安排

座次安排,即根据宴会的性质、主办单位或主人的特殊要求,根据出席宴会的宾客身份确定其相应的座位。座次安排必须符合礼仪规范,尊重风俗习惯,便于席间服务。

以10人正式宴会座次安排为例,一般是"以右为上"为原则,主人位于厅堂正面即正对门的方向,副主人与主人相对而坐即在主人的对面,主宾通常安排在主人的右侧,第二宾可以在主人的左侧,也可以在副主人的右侧,第三宾由第二宾而定,在副主人的左侧通常是第四宾,其余位置安排翻译和陪同。如图5-26所示,比较适合整个餐台只有一个谈话中心的场合。如图5-27所示,这种座次安排在餐台上可以同时有两个谈话中心,适用于有夫人出席的场合。

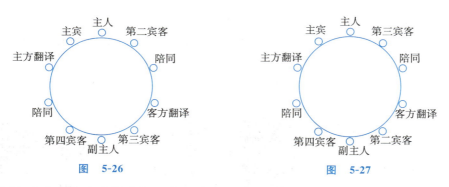

图 5-26　　　　　　　　图 5-27

婚宴、寿宴的座次安排应根据中国传统的礼仪和风俗习惯,通常以"高位自上而下,自右而左,男左女右"为原则,这样既体现了"以右为上"的原则,同时男女搭配入座,还可以活跃气氛,如图 5-28 所示。

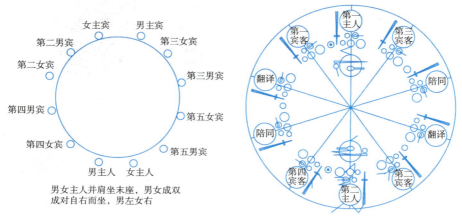

男女主人并肩坐末座,男女成双
成对自右而坐,男左女右

图　5-28

任务4 ▶ 服务技能——斟酒技能

一、任务目标

(1) 能够掌握斟酒的姿势、位置、斟酒量及通过把握酒瓶的倾斜度控制酒水出水量。

(2) 能够掌握托盘时重心平衡与斟酒的平稳,做到不滴不洒,酒量均匀。

(3) 能够在 3 分钟内完成十人桌的斟酒服务。

二、知识图谱

(1) 徒手斟酒姿势

用干净的小毛巾或酒精净手(图 5-29)。

侧身站在餐椅的右侧,左手持服务巾,背于身后,以便擦拭瓶口(图 5-30)。

右手握酒瓶的下半部,伸右臂进行斟倒,将酒瓶上的商标朝向宾客瓶口(图 5-31)。

斟酒时,瓶口不可搭放在杯口,一般相距 1～2cm 为宜(图 5-32)。

当斟至适量时应稍停一下,并旋转瓶身,再抬起瓶口(图 5-33)。

擦拭残留在瓶口的酒液(图 5-34)。

图 5-29

图 5-30

图 5-31

图 5-32

图 5-33

图 5-34

(2)托盘端托斟酒

侧身站在桌椅的右后侧,左手托盘,右手斟酒;右脚跨前,踏在两椅之间;左脚微微踮起,伸右臂进行斟倒。身体不要贴靠宾客,注意左手托盘要向外拉伸,避免发生碰撞(图 5-35)。

图 5-35

(3)斟酒量参考图

红酒五分满如图 5-36 所示。

白酒八分满如图 5-37 所示。

图 5-36

图 5-37

(4)托盘斟酒操作示范

斟酒技能

三、任务实施

（1）实训物品领取单

实训物品领取单如表5-14所示。

表 5-14

小组名称：			领取时间：	
物品名称	数量	物品完好程度	备 注	
圆形托盘	1			
红葡萄酒	1			
红葡萄酒杯	5			
白酒	1			
白酒杯	5			
服务巾	2			
净手小毛巾	1			
秒表	1			
领取人：			归还时间：	

（2）请梳理斟酒服务的要领

（3）根据托盘斟酒的要领开展实训

实训内容如表5-15所示。

表 5-15

训练内容	操 作 及 说 明	要 求
准备工作	备齐酒水、服务用具等，擦拭干净，检查其质量	摆放整齐
教师示范	（1）结合实操讲解斟倒酒水的方法、要领与步骤； （2）按规范和要求示范斟倒酒水； （3）明确实训任务，分组完成	（1）熟悉方法； （2）知道要领； （3）明确分工
斟酒顺序	从主宾开始按顺时针方向斟酒，先斟红酒，后斟白酒	（1）服务规范； （2）动作流畅
握瓶姿势	（1）叉开右手大拇指，其余四指并拢，掌心贴于瓶身中部，即掌根手腕部位刚好位于瓶身底部； （2）握瓶时，手指要用力均匀	（1）姿势正确； （2）用力均匀

训练内容	操作及说明	要 求
斟酒姿势	(1)侧身站在宾客的右后侧,身体前倾,左手托盘,右手握酒瓶的下半部,将酒瓶上的商标朝向宾客,右脚跨前踏在两椅之间,左脚微微踮起,伸右臂进行斟倒; (2)身体不要贴靠宾客,注意左手托盘要向外拉伸,避免发生碰撞; (3)斟酒时瓶口不可搭放在杯口,两者相距1~2cm	(1)姿势正确; (2)技术标准
酒液流速	斟酒时要控制斟倒的速度	流速均匀
斟酒量	(1)酒品和习俗的不同,斟酒量也不尽相同; (2)红葡萄酒斟至酒杯的1/2处; (3)白酒杯斟至酒杯的3/4处	酒量均匀

小贴士:将学生分成若干小组,每组4人,其中1人进行练习,1人辅助准备工作,另外两人参照任务评价表进行评议,每组四人依次轮流练习。

四、任务评价

斟酒评价表如表5-16所示。

表 5-16
评价内容:在3分钟内,以托盘斟酒的形式在十人桌进行宴会斟酒服务,斟倒五杯红葡萄酒、五杯白酒
被评价人:

项 目	评价要求	分值	自评(Y/N)	他评(Y/N)
准备工作	物品摆放整齐,双手卫生	1		
斟酒顺序	从主宾开始按顺时针方向斟酒,先斟红酒,后斟白酒	1		
斟酒姿势	斟酒时应站在餐椅的右侧,左手托盘(向外伸展),右手斟酒	1		
	右手握酒瓶的下半部,商标须朝向宾客	1		
	酒瓶口与杯口相距1~2cm	1		
斟酒量	红酒斟倒约5分满	1		
	白酒斟倒约8分满	1		
酒液流速	酒水不滴、不洒、不溢	1		
整体评价	动作规范自如,神态自然,面带微笑	1		
时间要求	3分钟内完成	1		
总 分 合 计		10		

总评: □优秀(9~10分)　　□良好(7~8分)　　□合格(4~6分)　　□待提升(4分以下)

教师评估 及意见	

五、知识链接

各类葡萄酒的斟酒标准如表 5-17 所示。

表　5-17

类别	斟酒量	特　　　点
干白	1/3～1/2	白葡萄酒属于低温饮用酒品,如果杯内酒分量太少,酒液的温度会快速升高,影响口感。足够的分量可以维持酒液的低温,这也是为什么白葡萄酒杯比红酒杯小
干红	1/5～1/3	多数干红在饮用前需要与氧气充分接触,以此来柔化单宁,促进香气散发,使口感更加柔顺香醇。另外,过多的酒在摇晃酒杯时会使酒液溅出,造成浪费和尴尬
桃红	1/3～1/2	桃红葡萄酒也属于低温饮用酒品,如果杯内酒的分量太少,酒液的温度会快速升高,影响口感。足够的分量可维持酒液的低温
起泡酒	2/3～3/4	起泡酒不但是低温饮用酒品,还具有独特的观赏性。因此斟酒量应多些,足够的酒量可维持酒的低温状态,同时又便于观赏气泡的上升

任务5 ▶ 服务技能——分菜技能

一、任务目标

（1）通过对服务叉勺的反复训练,掌握服务叉勺的使用。

（2）能够掌握分凉拌双椒土豆丝、鲍汁烩饭、银耳汤的方法。

（3）能够在 20 分钟内完成一桌 10 位宾客的分菜服务。

二、知识图谱

（1）服务叉、勺的使用方法

右手握住叉的后部,勺心向上,叉的底部向勺心;依靠手指来控制;右手食指插在叉和勺把之间,与拇指酌情合理捏住叉把,中指控制勺把,无名指和小指起稳定作用,如图 5-38 所示。

① 指握法:将一对服务叉勺握于右手,叉子在上方,正面向下,服务勺在下方,横过中指、无名指与小指。将叉勺的底部与小指的底部对齐并且轻握住叉勺的后端,将食指

伸进叉勺之间,用食指和拇指尖握住叉勺,如图 5-39 所示。

　　② 指夹法:将一对叉勺握于右手,正面向上。叉子在上,服务勺在下方,使中指及小指在下方,而无名指在上方夹住服务勺。将食指伸进叉勺之间,用食指与拇指尖握住叉子,使之固定,如图 5-40 所示。

　　③ 右勺左叉法:右手握住服务勺,左手握住服务叉,左右来回移动叉勺,适用于体积较大的食物派送,如图 5-41 所示。

图　5-38

图　5-39

图　5-40

图　5-41

（2）旁桌式分菜流程

分菜技能

（3）物品准备（以国赛为例）

准备好干净的餐盘,备好叉、匙等分菜用具如图 5-42 所示。

（4）分凉拌双椒土豆丝、鲍汁烩饭和银耳汤的参考图（以国赛为例）

在国赛中,凉拌双椒土豆丝、鲍汁烩饭、银耳汤的分菜摆放如图 5-43～图 5-45 所示。

图　5-42

图 5-43

图 5-44

图 5-45

三、任务实施

（1）实训物品领取单

实训物品领取单如表 5-18 所示。

表 5-18

小组名称：			领取时间：	
物品名称	数量	物品完好程度	备　注	
圆形托盘	2			
备餐盘	3			
分菜叉	2			
分菜勺	3			
分汤勺	1			
餐盘	10			
菜盘	1			
分饭造型小碗	1			
鲍汁烩饭	1 套		西兰花 100 克（煮熟）、鲍汁调料酱 50 克、米饭 200 克	
甜羹汤碗	10			
大汤碗	2			
银耳汤	1			
凉拌双椒土豆丝	1		土豆丝 200 克（盐水浸泡）、红辣椒丝 25 克、青辣椒丝 25 克	
秒表	1			
领取人：			归还时间：	

（2）请梳理分菜服务技能的要领

（3）根据分菜服务技能的操作流程和标准开展实训

实训内容如表5-19所示。

表 5-19

训练内容	操 作 说 明	要 求
准备	在宾客餐桌旁放置服务桌，准备好干净的餐盘，放在服务桌上的一侧，备好叉、匙等分菜用具	（1）准备充分； （2）物品齐全
教师示范	（1）结合实训讲解操作流程和动作要领； （2）明确实训任务，分组练习	（1）说清流程； （2）明确任务
展示	（1）先将菜品放在餐桌上并向宾客展示； （2）介绍名称和特色，然后放到服务桌上并分菜	（1）动作优美； （2）分派均匀
分菜	（1）在服务桌上将菜品均匀、快速地分到每位宾客的餐盘中； （2）服务叉、勺的使用方法见"二、知识图谱"	（1）操作规范； （2）服务专业
上菜	（1）分好后，将餐盘从右侧送到宾客面前； （2）上菜的顺序：主宾，主人，然后按顺时针方向分送	（1）姿势正确； （2）速度适中

小贴士：上菜前应礼貌地说："您好，打扰一下，为您上菜。请慢用。"

四、任务评价

分菜服务评价表如表5-20所示。

表 5-20

评价内容：在20分钟内完成一桌10人位宾客的分凉拌双椒土豆丝、鲍汁烩饭和银耳汤服务

被评价人：

项 目	评价要求	权重	自评（Y/N）	他评（Y/N）
准备工作	对菜肴进行检查核对，准备分菜工具	1		
菜品展示	站在副主人位右侧，双手奉上，姿势自然	1		
	菜肴介绍内容准确，音量适中，讲究礼貌	1		
分土豆丝	双手将菜盘撤回，在备餐车上用分菜叉、勺分菜，分5人分量，分量均匀	1		
	从第一主宾位开始，为宾客上菜	1		
分鲍汁烩饭	在备餐台用分菜叉、勺、碗，分5份烩饭，分量均匀	1		
	从副主人位开始，为宾客上烩饭	1		
分甜汤	用分汤勺在备餐车（或工作台）分甜汤，分10人份，分量均匀	1		

续表

项　目	评 价 要 求	权重	自评(Y/N)	他评(Y/N)
上菜	上菜姿势、动作正确、自然，干净利落，讲究卫生、礼貌	1		
综合印象	操作过程中动作规范、娴熟、敏捷、声轻	1		
总 分 合 计		10		

总评：□优秀(9～10分)　　□良好(7～8分)　　□合格（5～6分）　　□待提升(5分以下)

教师评估及意见	

五、知识链接

中餐的分菜方式如表 5-21 所示。

表 5-21

类　别	流　　程
转盘式分菜	(1) 转台上摆放餐碟分菜用具； (2) 上菜、报菜名、示菜并对菜肴做简单介绍； (3) 用长把汤勺、筷子或餐叉、餐勺分菜； (4) 迅速撤身，取托盘，从主宾右侧开始，按顺时针方向绕台进行，撤前一道菜的餐碟后，从转盘上取菜端给宾客； (5) 完成后，将空菜盘和分菜用具一同撤下。 此法也可以由 2 人配合完成，1 人负责分菜，另 1 人负责将分好的菜肴递送给宾客
餐桌式分菜	(1) 上菜、报菜名、示菜，并对菜肴做简单介绍； (2) 将菜肴取下，左手用餐巾托垫菜盘，右手拿餐叉、餐勺； (3) 站在宾客的右侧，右腿在前，上身微前倾，从主宾右侧开始，按顺时针方向绕台进行； (4) 分菜时做到"一勺准"，数量均匀，绝不可将一勺菜同时分给两位宾客，更不可当着宾客的面从分到多的盘碗中匀给分得少的盘碗中，同时还要注意菜肴的色彩、荤素的搭配均匀。注意将菜肴的优质部位分给主宾和主人； (5) 分每道菜时，可以一次分完，也可以略余下 1/10～1/5 的菜肴(可换放于一小碟中)，以示菜肴的宽裕及方便想再添用的宾客，并为第二次分让做好准备
各客式分菜	此法适用于汤类、羹类、炖品或高档宴会分菜。它是厨房工作人员根据宾客数在厨房将汤、羹、冷菜或热菜等分成一人一份。服务员从主宾开始，按顺时针方向从宾客右侧送上

项目六

对客服务——餐饮服务

项目目标

知识目标

（1）掌握中式宴会服务的内容和流程。
（2）掌握西餐零点服务的内容和流程。

技能目标

（1）能够根据操作规程完成中式宴会服务。
（2）能够根据操作规程完成西餐零点服务。

素养目标

（1）提高实际工作中的对客服务能力、沟通能力、应变能力。
（2）培养主动服务意识和卫生意识，养成细致、周到的职业习惯。

思政目标

（1）树立正确的职业道德观和职业规范意识。
（2）培养学生爱岗敬业、礼貌待客的职业素养。

知识导图

本项目知识导图如图 6-1 所示。

图 6-1

任务 1 ▶ 中式宴会服务——餐前服务

　　中式宴会,是中国传统的聚餐形式,宴会遵循中国的饮食习惯,采取共餐式的就餐方式,餐桌多为圆桌,以中式菜肴和酒水为主,遵从中国习俗、突出中国的传统礼仪和文化。中式宴会既适用于礼遇规格高、接待隆重的高层次接待,又适用于民间的一般聚会,是目前宴会经营中最为常见的一种宴会形式。因此,宴会服务人员不仅需要有丰富的专业知识、娴熟的专业技能、良好的职业习惯,同时也需要较高的综合素质。

一、任务目标

　　(1) 掌握中式宴会服务餐前服务的操作流程及要求。
　　(2) 能够根据操作规程完成餐前服务。

二、知识图谱

　　宴会服务通常体现了酒店的服务品质和水平,也影响着酒店的口碑和形象。在宾客到达之前,宴会需要的物品均需提前备齐。一是准备好台面用品,要注意有适当数量的备用,以便宴会中增加人数或损坏时填补;二是备好酒水饮料及相关用具;三是备好冷菜,大型宴会一般在开宴 15 分钟前摆好冷菜。

　　(1) 餐前服务流程

　　餐前服务的具体流程如图 6-2 所示。

图　6-2

　　(2) 中餐宴会摆台操作示范

中餐宴会摆台操作

三、任务实施

　　(1) 任务分配表

　　任务分配如表 6-1 所示。

表 6-1

任务描述	值台员小陈要服务一场商务晚宴,根据晚宴要求进行了摆台,待宾客到达时,为宾客做好餐前服务工作。小组接到任务后,梳理餐前服务流程及要求等信息,绘制中式宴会座次安排示意图,然后根据餐前服务操作流程和标准进行实践操作	
组长		
组员		
任务分工		

(2)实训物品领取单

实训物品领取单如表 6-2 所示。

表 6-2

小组名称:			领取时间:
物品	数量	物品完好程度	备　　注
台布	1		
餐巾	3		
托盘	1		
茶杯	3		
餐具、酒具	3 套		
茶壶	1		
领取人:			归还时间:

(3)梳理餐前服务流程及要求

(4)绘制中式 10 人正式宴会座次安排示意图

（5）根据餐前服务工作流程和标准开展实训

实训内容如表 6-3 所示。

学习笔记

表　6-3

步　骤	操作及说明	要求
服务准备	备齐、检查和擦拭所需的餐具、用具	物品齐全
引领入座	（1）向宾客打招呼、问候（"晚上好！欢迎光临！"）； （2）将宾客引领到相应的位置入座； （3）为宾客拉椅让座时，应先提醒宾客，双手握住椅背并用膝盖辅助，避免发出响声； （4）拉开椅子时，用礼貌用语（"先生/女士，请坐"）	（1）礼貌热情； （2）体态自然； （3）动作轻柔
上小毛巾	当宾客坐定后，为宾客送上小毛巾	折叠整齐
茶水服务	（1）询问宾客喜欢饮用何种茶，适当作介绍； （2）上茶时，按照先宾后主的顺序，在宾客右侧斟倒，以八分满为宜	（1）操作规范； （2）动作敏捷； （3）有序进行
铺放餐巾撤筷套	（1）按先宾后主，顺时针方向依次为宾客开餐巾、撤筷套； （2）侧身站在宾客的右侧，右脚在前，左脚在后； （3）用右手取下餐巾，侧身在宾客背后将餐巾抖开，右手在前，左手在后，将餐巾铺在骨碟下方（注：这样可以避免左手碰到宾客身体）； （4）右手拿起筷子（带筷套），轻轻将筷子倒出套口，捏住筷子底端 1/3 处，左手将筷套撤去，右手将筷子轻轻放回筷架上，每次撤下的筷套应握在左手中，最后统一收回服务台	（1）顺序正确； （2）姿势优雅； （3）操作卫生

小贴士：宴会一般由宴会主管人员和迎宾员提前在宴会厅门口迎候宾客，值台员站在各自负责的餐桌旁准备服务。

四、任务评价

中式宴会餐前服务评价表如表 6-4 所示。

表　6-4

评价内容：为主人、副主人、主宾提供中式宴会的宴前服务　　　　被评价人：

项　目	评价要求	权重	自评（Y/N）	他评（Y/N）
准备工作	餐台物品摆放合理、实训用品准备到位	0.5		
	礼貌问候宾客	0.5		
引领入座	引领方式正确、规范	1		
	正确为宾客拉椅入座	1		
上小毛巾	上小毛巾动作正确、熟练、注意卫生	1		

学习笔记

项　目	评价要求	权重	自评(Y/N)	他评(Y/N)
茶水服务	正确使用托盘上茶	1		
	上茶服务顺序正确	1		
	茶水适量,无滴洒	1		
铺放餐巾、撤筷套	服务顺序正确	1		
	开餐巾动作正确、熟练、优雅	1		
	撤筷套动作正确、熟练、注意卫生	1		
总　分　合　计		10		

总评：□优秀(9~10分)　　□良好(7~8分)　　□合格(5~6分)　　□待提升(5分以下)

教师评估及意见	

五、知识链接

理论小知识:宴会前的组织准备工作

　　宴会的组织实施是宴会成功举办的关键。在接到宴会通知后,根据宴会要求,对迎宾、值台、传菜、酒水及衣帽间、贵宾室等岗位进行明确分工,提出具体任务和要求,并将责任落实到每个人。在合理分工的基础上,宴会服务人员应做到"八知""五了解",如图6-3所示。

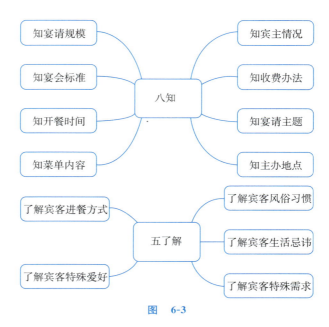

图　6-3

学习笔记

任务2 ▶ 中式宴会服务——餐中服务

一、任务目标 🌐

（1）掌握中式宴会服务餐中服务的操作流程及要求。

（2）能够根据操作规程及标准完成餐中服务。

二、知识图谱 📇

宴会的餐中服务主要是指在宴会进行中为宾客提供斟酒、上菜、分菜、席间服务等，要求服务人员具有较好的餐饮操作技能，同时也要注意服务礼仪，为出席者提供最优的服务。

（1）餐中服务流程如图6-4所示。

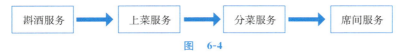

图 6-4

（2）斟酒的顺序和斟酒量

中式宴会一般是从主宾位置开始，按照顺时针方向依次进行斟酒服务。在酒水的顺序上，通常先倒葡萄酒，然后是烈性酒，最后是饮料。在倒白酒时，遵循"先主后宾"的原则，即先为主人斟酒，再为宾客倒酒。

控制斟酒量的目的是最大限度地发挥酒体风格和对宾客的尊重。但客人要求斟满杯酒时，应斟满酒杯。目前，一般斟酒量的控制为：白酒斟八成满；啤酒等含泡沫气泡的酒，斟倒时分两次进行，以泡沫不溢为准；红葡萄酒斟五成满，白葡萄酒斟七成满，因为这个数量恰好达到酒体在杯中的最大横切面处，能够使酒体与空气充分接触，从而充分发挥葡萄酒果香馥郁的特点。斟香槟酒时，应将酒瓶用服务巾包好，先向杯中斟倒1/3的酒液；待泡沫退去后，再往杯中续斟至杯的2/3处为宜。

（3）上菜位置和上菜顺序

中餐上菜位置一般在靠门位置，可以选择在进门口所对的右侧斜角上菜（图6-5）。有外宾时，可在陪同和翻译人员之间上菜，也有的在副主人右边上菜，这样有利于翻译和副主人向来宾介绍菜肴口味、名称。

宴会上菜应按照菜单菜目编排顺序进行。一般是先冷后热，先炒后烧，先咸后甜，先清淡，后味浓。在各类不同的宴会上，由于菜肴的搭配不同，上菜的程序也不尽相同。传统的宴会上菜顺序的头道热菜是最名贵的菜。主菜上后，依次上炒菜、大菜、饭菜、甜菜汤、点心、水果。现代中式宴会上菜顺序与传统上菜顺序有所区别,各大菜系之间也略有不同,一般顺序是冷盘、热炒、大菜、汤菜、甜菜、点心、水果。

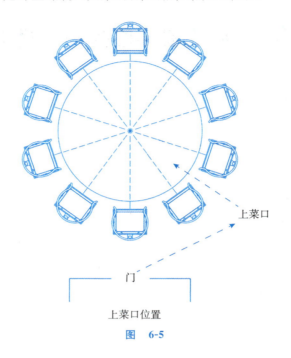

上菜口

门

上菜口位置

图 6-5

三、任务实施

(1)任务分配表

任务分配如表 6-5 所示。

表 6-5

任务描述	值台员小陈要服务一场商务晚宴,他根据晚宴要求为宾客完成了餐前服务工作,接下去要为宾客提供餐中服务。小组接到任务后查阅相关资料,梳理餐中服务中斟倒酒水的要求,绘制上菜的位置和上菜顺序,领取物品。然后根据餐中服务流程和标准进行实践操作
组长	
组员	
任务分工	

(2)实训物品领取单

实训物品领取单如表 6-6 所示。

表　6-6

小组名称：			领取时间：
物品名称	数量	物品完好程度	备　　注
台布	1		
餐巾	3		
花瓶	1		
托盘	2		
餐具酒具	3		
菜单	2		
红葡萄酒	1		
白酒	1		
碳酸饮料	1		
消毒巾	3		
开瓶器	1		
热菜（芹菜炒肉丝）	1		
汤（西红柿蛋花汤）	1		
领取人：			归还时间：

（3）梳理餐中服务中斟倒酒水的要求

（4）绘制宴会上菜的位置和上菜顺序

（5）根据餐中服务的流程和标准开展实训

实训内容如表6-7所示。

表 6-7

步　骤	操作及说明	要　求
准备工作	备齐、检查和擦拭所需的餐具、用具	准备充分
斟酒服务	（1）询问是否需要酒水并有针对性介绍； （2）撤去宾客不用的酒水杯； （3）左手托盘，右手持瓶斟酒，酒标朝向宾客； （4）根据宾客的选择，斟倒酒水，从主宾开始斟酒（主宾斟倒白酒，主人斟红酒，副主人斟饮料）； （5）斟酒时，瓶口不碰杯口，斟酒量均匀，不滴不洒	（1）表述流畅； （2）姿势正确； （3）站位正确； （4）斟倒规范
上菜服务	（1）站在副主人右侧上菜； （2）使用托盘上菜，左手托盘，右手上菜；不使用托盘上菜，双手上菜； （3）报菜品时，菜肴介绍准确，音量适中； （4）在上菜位置将菜品放在靠近转盘边缘的一侧，然后按顺时针方向转至主宾面前让其品尝	（1）站位正确； （2）动作规范； （3）操作卫生； （4）表述流畅
分菜服务	（1）主动、均匀地为宾客分汤、分菜； （2）分菜时要掌握好菜的分量，准确、均匀； （3）分菜的次序也是先宾后主、先女后男	（1）准确均匀； （2）先宾后主
清理台面	（1）发现剩食及时更换小盘，杂物及时清理； （2）如台面凌乱，需及时清理，清理时不能打扰宾客交谈，动作幅度不能过大	（1）及时清理； （2）动作优雅
撤换餐具	（1）在宴会进行的过程中，要时刻留意宾客的动向，准确领悟宾客的需求，主动服务； （2）骨碟杂物较多时要及时更换，保证餐桌菜品摆放美观	（1）及时更换； （2）台面整洁

　　小贴士：宴会期间要及时为宾客添加饮料、酒水。服务员要随时注意每位宾客的酒杯，见喝到剩1/3时，应及时添加。

四、任务评价

餐中服务评价表如表6-8所示。

表　6-8

评价内容：为主人、副主人、主宾提供餐中服务　　　　　　被评价人：

项　目	评 价 要 求	权重	自评(Y/N)	他评(Y/N)
准备工作	餐台物品摆放合理、实训用品准备到位	0.5		
斟酒服务	询问酒水并有针对性介绍	1		
	右侧斟酒	0.5		
	斟酒姿势规范，按顺序斟倒酒水	2		
	斟酒量均匀，不滴不洒	2		
上菜服务	在副主人右侧上菜	1		
	上菜时姿势及动作正确、自然	2		
	菜肴内容介绍准确、音量适中	1		
分菜服务	分菜、分汤过程操作规范，安全、卫生	2		
	用分菜叉、勺分菜	1		
	分菜、分汤分量均匀	1		
	上菜姿势、动作准确	1		
巡台服务	时刻留意宾客的动向，主动服务	1		
	及时更换脏餐具，撤换骨碟，收取空瓶空盘	2		
	及时添茶、添酒	1		
托　盘	托盘姿势正确，托送自如、灵活	1		
总 分 合 计		20		

总评：　□优秀(18～20分)　　□良好(16～17分)　　□合格(14～15分)　　□待提升(14分以下)

教师评估及意见	

五、知识链接 🔗

理论小知识：菜品的摆放

宴会菜品的摆放既要位置适中对称，又要讲究造型艺术美观。在摆放菜品时需要将菜品最宜观赏的一面即"看面"，对准主位。不同菜品的摆放如表6-9所示。

表 6-9

看面	示 例
头部	整形的、只有头的菜,如烤乳猪
身子	整形的头部被隐藏的菜,如八宝鸭
腹部	"鸡不献头,鸭不献掌,鱼不献脊",一律头部向右,腹部朝宾客
刀面	刀工精细、色调好看的部分为"看面",如冷菜拼盘
正面	有"喜""寿"字的造型菜,字面、正面为看面
盆向	使用长盘的热菜,长盘应横向宾客

任务3 ▶ 中式宴会服务——餐后服务

一、实训目标

(1)掌握中式宴会服务中餐后服务的操作流程及要求;

(2)能够根据操作规程及标准完成餐后服务。

二、知识图谱

(1)餐后服务流程

餐后服务流程如图 6-6 所示。

结账服务 → 拉椅送客 → 取递衣帽 → 收台检查 → 清理现场 → 征询意见

图 6-6

(2)收台顺序

收台顺序如图 6-7 所示。

收餐巾、毛巾 → 收杯具、筷勺 → 收盘、碗 → 撤换台布

图 6-7

(3)收台、清场注意事项

① 撤。撤是指撤去宴会中的装饰,撤离的物品放置在规定地点,分类摆放。

② 收。收是指在宾客离席时,值台员要检查台面上是否有宾客遗留的物品。在宾客全部离开后立即清理台面,按顺序收走餐桌上的餐具、餐巾等。

③ 清。清是指做好宴会厅的清洁,对桌面、椅子、地面等进行彻底清洁。各类开餐用具要按规定位置复位,重新摆放整齐,开餐现场重新布置恢复原样以备下次使用。

④ 关。关是指关闭所有不必要的电器设备,如灯光、音响系统等,确保所有门窗安

全关闭,检查锁具是否完好。对场地进行最后的安全检查,确保没有安全隐患。

三、任务实施

（1）任务分配表

任务分配如表6-10所示。

表　6-10

任务描述	值台员小陈要服务一场商务晚宴,他根据晚宴要求高质量地为宾客完成了餐前、餐中服务工作,接下去他要完成宴会的最后一个服务环节——餐后服务工作。小组接到任务后查阅相关资料,梳理撤台、清场的注意事项,设计一份宾客意见调查表,填写实训物品领取单,领取物品。然后根据宴会结束工作的操作流程和标准进行实践操作
组长	
组员	
任务分工	

（2）实训物品领取单

实训物品领取单如表6-11所示。

表　6-11

小组名称:			领取时间:
物品名称	数量	物品完好程度	备　　注
台布	1		
餐巾	8		
装饰花	1		
托盘	2		
餐具酒具	8		
领取人:			归还时间:

（3）梳理撤台、清场的注意事项

（4）设计一份宾客意见调查表

（5）根据餐后服务流程和标准开展实训

实训内容如表 6-12 所示。

表 6-12

步　骤	操作及说明	要　求
准备工作	备齐、检查和擦拭所需的餐具、用具	准备充分
结账工作	（1）准备好宴会账单，并核对清楚内容、金额； （2）备齐宴会各种费用单据，由财务部门统一开出正式收据； （3）宴会结束后，马上请宴会主办单位的经办人结账	（1）账单清晰； （2）及时结账
送客服务	（1）当宾客起身准备离座时，帮助宾客拉椅，提醒宾客带好随身物品，并主动帮助宾客穿外套或大衣； （2）将宾客引领至电梯处，为宾客提供电梯服务，目送宾客离开； （3）适时询问宾客对餐厅的意见，并表示感谢	（1）自然大方； （2）礼貌送客
收台检查	（1）再次检查有无宾客遗留物品和安全隐患； （2）清理宾客餐桌，有序收台，动作轻、稳	（1）检查到位； （2）收台规范
恢复台面	（1）餐食用具按规范位置复位，重新摆放、整理； （2）摆放到位后，领班要进行全面检查	（1）规范摆放； （2）检查到位

小贴士：宴会结束后，宴会组织者应主动征询主办单位对宴会的评价，征求意见可以从菜肴、服务等方面考虑。

四、任务评价

餐后服务评价表如表 6-13 所示。

表 6-13

评价内容:餐后服务工作　　　　　　　　　　　　　　　　被评价人:

项　目	评 价 要 求	权重	自评(Y/N)	他评(Y/N)
准备工作	餐台物品摆放合理、实训用品准备到位	0.5		
结账工作	准备好宴会账单,并核对清楚	1		
	及时递交给宾客结账	0.5		
送客服务	主动拉椅送客	1		
	提醒宾客带好随身物品,检查、确认宾客无遗留物品	1		
	送客热情、有礼貌	1		
	主动征询宾客意见	1		
收台检查	撤台顺序正确	2		
	撤台动作要轻、稳	1		
恢复台面	服务用具归位,操作规范	1		
总 分 合 计		10		

总评:　□优秀(8~10分)　　　□良好(5~7分)　　　□合格(4~6分)　　　□待提升(3分以下)

教师评估 及 意见	

五、知识链接 🔗

常用结账方式如表 6-14 所示。

表 6-14

现金结账	将现金用账单夹送到收银台办理结账手续,然后将找零和发票送交宾客,请宾客当面点清
信用卡结账	请宾客到收银台刷卡消费,或可由服务员代为刷卡,而后请宾客确认账单上的签账金额、所列卡号是否正确,请宾客确认后签名
签单结账	问清住客的姓名、房号,请宾客出示房卡,以便核对身份和信用额度。在确认宾客拥有足够的签单权限后,服务员请宾客在账单上签名。宾客签单结束后,要将账单迅速递交收银台作记账和转账处理
移动支付结账	礼貌地问清宾客选择支付的平台,请宾客出示付款码或向宾客出示收款码。在确认收款成功后,将收银小票递交宾客核对

任务4 ▶ 西餐零点服务——点餐服务

零点餐厅,是指宾客按照个人口味点餐、按数结账、自行付款的餐厅。零点餐厅的宾客数量不固定、口味需求不一、用餐时间交错,因此对服务技术要求高,最能体现酒店的服务档次和水平。在星级酒店中,零点餐厅是最主要的餐厅。同时,五星级酒店必须设有高级西餐厅,也称"扒房"。

一、实训目标

(1)掌握西餐点餐服务的工作流程及要求。
(2)能够有针对性地为宾客点餐提供建议。
(3)能够根据操作规程完成点餐服务。

二、知识图谱

点餐服务是零点餐厅服务人员的核心技能,服务人员需具备丰富的菜肴和酒水知识,了解不同国家、地区宾客的饮食习惯和心理需求,能有针对性地为宾客提供点菜建议,为宾客提供高质量的就餐服务。高星级酒店的西餐厅一般只提供午、晚餐。菜单一般是固定式的零点餐单,内容包括开胃菜(头盘)、汤、沙拉、海鲜、主菜、甜点、各式奶酪及酒水等。2022年全国职业院校技能大赛餐厅服务赛项菜单如表6-15所示。

表 6-15

MENU(菜单)	
Appetizers(餐前菜)	Special of the day(特殊日)
Main Courses(主菜)	Pan-fried Sea bass(香煎海鲈鱼)
	Beef Steak(牛排)
Desserts(甜品)	Cake(蛋糕)
	Fruit Salad(水果沙拉)
DRINK LIST(饮品单)	
Drinks(饮品)	Sparkling Water(气泡水)
	White Wine(白酒)
	Red Wine(红酒)

西餐点餐服务流程如图 6-8 所示。

| 呈递菜单 | → | 服务开胃酒 | → | 点菜服务 | → | 询问酒水 | → | 开单分送 |

图　6-8

三、任务实施

（1）任务分配表

任务分配如表 6-16 所示。

表　6-16

任务描述	服务员小陈接待来西餐厅用餐的李先生和李太太,小陈引领李先生和李太太入座后,为宾客铺上餐巾,递上打开至第一页的菜单。随后,小陈为宾客提供西餐点餐服务。小组接到任务后查阅相关资料,绘制餐具摆放图,创作西餐点菜服务的情境对话。然后根据点菜开单服务操作流程和标准进行实践操作
组长	
组员	
任务分工	

（2）实训物品领取单

实训物品领取单如表 6-17 所示。

表　6-17

小组名称：			领取时间：	
物品名称	数量	物品完好程度	备　　注	
菜单	3			
点菜单	1			
纸、笔	1			
餐巾	3			
展示碟	3			
酒杯	3			
领取人：			归还时间：	

（3）绘制一个餐位的西餐餐具摆放图

（4）创作西餐的点餐服务的情境对话

（5）根据点餐服务的流程和标准开展实训

实训内容如表 6-18 所示。

表　6-18

步　骤	操作及说明	要　求
准备工作	备齐、检查和擦拭所需的餐具、用具	摆放有序
餐前服务	引领宾客入座，并为宾客铺设餐巾	女士优先
提供菜单	（1）按先女士后男士的顺序递送菜单； （2）从宾客的右侧递上打开至第一页的菜单	递送规范

续表

学习笔记

步　骤	操作及说明	要　求
餐前酒服务	(1) 询问宾客餐前酒要求,作相应介绍和推荐; (2) 记录并复述宾客餐前酒的点单内容; (3) 遵循先女士后男士、先宾后主的原则,在宾客右侧服务	(1) 顺序正确; (2) 复述确认; (3) 表述流畅
点餐服务	(1) 微笑面对宾客,从宾客右侧递上菜单; (2) 与宾客保持眼神交流;按先女士后男士、先客后主的顺序,顺时针方向为宾客逐一点餐; (3) 记录每位宾客所点菜品及特殊要求(牛排的成熟度、所需调味汁品种等); (4) 复述宾客的点单内容,并向宾客致谢	(1) 自然大方; (2) 操作规范; (3) 表述流畅
询问酒水	(1) 从宾客右侧递上酒水单; (2) 主动询问宾客酒水需求,为宾客推荐佐餐酒; (3) 在酒水单上记录每位宾客所点的酒水并复述确认	(1) 记录准确; (2) 表述流畅; (3) 操作规范
开点菜单	(1) 在开单时按照台迹图上的标识为宾客开单; (2) 点菜单一式四联,分别递交给收银台、厨房,以传菜或划单,并留存	迅速准确

小贴士: 在为宾客点单时,服务员应该事先准备好台迹图,因为西餐是每人一份,每个人点的菜式可能都不同,台迹图可以清楚记录每位宾客的点餐内容,便于上菜和开单准确无误。

四、任务评价

西餐零点餐厅的点餐服务评价表如表 6-19 所示。

表　6-19

实训内容:为宾客提供西餐零点餐厅的点餐服务　　　　被评价人:

项　目	评价内容	权重	自评(Y/N)	他评(Y/N)
准备工作	餐台物品摆放合理、实训用品准备到位	0.5		
餐前服务	引领规范	0.5		
	开餐巾动作熟练,顺序正确	1		
递送菜单	递送菜单顺序、站位正确	2		
餐前酒服务	主动介绍餐前酒,自然、流畅	2		
	复述点单内容,确认到位	1		
	记录清楚、完整	1		

续表

项　目	评价内容	权重	自评(Y/N)	他评(Y/N)
点餐服务	主动介绍餐厅特色菜,自然、流畅	2		
	应答及时	1		
	复述点单内容,确认到位	1		
	记录清楚、完整	1		
	点餐顺序正确	1		
询问酒水	主动介绍佐餐酒,自然、流畅	2		
	应答及时	1		
	复述点单内容,确认到位	1		
	记录清楚、完整	1		
开点菜单	一式四份,正确递交	1		
总 分 合 计		20		

总评: □优秀(17～20分)　　□良好(13～16分)　　□合格(12～15分)　　□待提升(11分及以下)

教师评估及意见	

五、知识链接 🔗

理论小知识:西餐上菜顺序

选料精细、调料讲究、食物精美、营养丰富是西餐最大的特点。正式的西餐上菜顺序一般是:头盘(开胃菜)—汤—副菜—主菜—蔬菜(沙拉)—甜点—咖啡或茶,同时配有佐餐酒。点菜顺序一般是先选主菜,再根据主菜搭配其余配菜。如果不是特别的场合,不需要全部都点,头盘、主菜加甜点是比较合适的组合,当然最后还可以喝杯咖啡或茶。西餐上菜顺序及代表菜如表6-20所示。

表　6-20

名　称	具体内容	代表菜
头盘	也称为开胃品,一般有冷头盘或热头盘之分,主要是刺激食欲,让沉睡的味蕾苏醒。味道以微咸、微酸和微甜为主,多是果、菜加适当的腌或熏制的海鲜	鱼子酱、鹅肝酱、熏鲑鱼、焗蜗牛
副菜	副菜一般放在肉类主菜之前,作为口感上的前序和铺垫。多为海鲜类菜肴,品种包括各种贝类及软体动物等,搭配酱汁,质感鲜嫩、口味清爽	烟熏三文鱼、香煎鱿鱼卷、扒大虾

续表

名　称	具 体 内 容	代表菜
主菜	西餐的主菜是西餐全套菜的精华和高光所在,既讲究色、香、味、形,又注重营养价值。肉类菜肴的原料取自牛、羊、猪等各个部位,其中最有代表的是牛肉或牛排;禽类菜肴的原料取自鸡、鸭、鹅	牛排、火鸡、猪排、意大利面
蔬菜（沙拉）	沙拉在西餐中也可以作为头盘,品种丰富,多为生食,尽量保持食材的原始口感和营养,爽口开胃。也可以安排在肉类菜肴之后,也可以与肉类菜肴同时上桌,可以作为一道菜,或作为一种配菜	花道夫色拉、鲜蔬色拉、煮菠菜
甜点	甜品是在主菜后食用,主要是由甜食构成。在早期欧洲,用餐尾声的甜点是宴请宾客的最高礼遇	布丁、煎饼、冰淇淋、奶酪、水果
咖啡或茶	享用完甜点,如果仍然意犹未尽,可以选择茶或咖啡,热饮通常被视为用餐结束的标志	红茶、卡布奇诺、意式咖啡

任务5　西餐零点服务——饮品服务

一、实训目标

（1）掌握佐餐酒的服务流程及要求。

（2）能够根据操作规程完成红葡萄酒服务。

二、知识图谱

吃西餐时,每道不同的菜肴要配不同的酒水,吃一道菜便要换上一种新的酒水。按西餐配餐的方式不同,可分为餐前酒、佐餐酒、甜食酒、餐后酒,如表6-21所示。

表　6-21

名称	别称	饮用时间	作　　用	代表种类
餐前酒	开胃酒	餐前饮用	以葡萄酒或蒸馏酒为酒基,加入各种植物的根、茎、叶、药材和香料等配制而成,以刺激食欲	味美思酒、比特酒、茴香酒
佐餐酒	餐酒	进餐时	西餐配餐的主要酒类:红酒配红肉,白酒配白肉	葡萄酒、汽酒
甜食酒	餐后甜酒	吃甜食时	其口味较甜,常以葡萄酒为基酒加葡萄蒸馏酒配置而成	雪莉酒、波特酒
餐后酒	利口酒	餐后	餐后酒是在蒸馏酒或食用酒精中加入芳香原料配置而成,有较好的助消化作用	白兰地、伏特加

学习笔记

葡萄酒的服务流程如图 6-9 所示。

备酒 → 示酒 → 开酒 → 验塞 → 醒酒 → 试酒 → 斟酒

图 6-9

三、任务实施

（1）任务分配表

任务分配如表 6-22 所示。

表 6-22

任务描述	餐厅服务员小陈接待来餐厅用餐的李先生和李太太,李先生和李太太点了牛排和红葡萄酒。小陈为宾客提供了红葡萄酒服务。小组接到任务后查阅相关资料,梳理红葡萄酒的基本知识,绘制红葡萄酒服务操作流程图。然后根据饮品服务流程和标准进行实践操作
组长	
组员	
任务分工	

（2）实训物品领取单

实训物品领取单如表 6-23 所示。

表 6-23

小组名称：			领取时间：
物品名称	数量	物品完好程度	备　　注
葡萄酒杯	1		
红葡萄酒	1		
海马刀	1		
醒酒器	1		
口布	2		
托盘	1		
小碟	1		
领取人：			归还时间：

（3）梳理红葡萄酒的基本信息

（4）绘制红葡萄酒服务的流程图

（5）根据红葡萄酒服务的流程和标准开展实训

实训内容如表 6-24 所示。

表　6-24

步　骤	操作及说明	要　求
准备工作	备齐、检查和擦拭所需的餐具、用具	准备充分
备酒	（1）按照宾客要求凭酒水单从吧台领取酒水，检查酒品质量，擦净瓶身； （2）根据酒品最佳饮用温度提前降温或升温	（1）操作规范； （2）服务自然
示酒	（1）服务员站在宾客的右侧，左手握瓶身下方，右手握瓶颈并将商标朝上，使宾客能清楚地看到酒标的内容； （2）宾客验酒并同意后依规定进行开酒； （3）展示完酒瓶时，酒瓶不能离开宾客的视线	（1）姿势正确； （2）操作规范
开酒	（1）当着宾客面，用海马刀将瓶口凸出部分以上的铅封割开，去除锡箔封口； （2）用口布擦干净酒瓶口，然后以酒钻在软木塞的中心点旋转进入，尽可能使酒钻深入软木塞； （3）轻轻拔出软木塞	
验塞	（1）瓶塞拔出后，用口布小心地擦拭瓶口，避免木屑掉入瓶内； （2）闻瓶塞的味道，以检查酒品质量； （3）将拔出的瓶塞放在小碟上，递予宾客检验	（1）注意卫生； （2）闻塞规范
醒酒	在斟酒前，询问宾客是否需要醒酒，征得宾客同意后，将葡萄酒倒入醒酒器中静置 5～10 分钟	（1）控制时间； （2）操作规范

续表

步　骤	操作及说明	要　求
试酒	（1）右手握瓶，左手拿一条干净的白色侍酒巾； （2）在宾客右侧斟倒约30ml的红葡萄酒，请宾客闻香味，经认可后将酒杯端送给主宾品尝	（1）操作规范； （2）服务到位
斟酒	（1）从主宾开始斟酒，先女士后男士，以顺时针的方向为宾客依次斟倒； （2）斟倒时，应让每位宾客都能看到酒的标签； （3）红葡萄酒斟倒至酒杯的1/2处左右； （4）斟倒完毕后，将剩余的葡萄酒放于餐桌上或者宾客一眼就能看到的地方； （5）及时为宾客斟倒酒水	（1）顺序正确； （2）斟倒规范； （3）自然大方

小贴士：若是比较大的聚餐，先从主宾开始斟倒；如果是一男一女的宾客，先给女士斟倒。

四、任务评价

红葡萄酒服务评价表如表6-25所示。

表　6-25

实训内容：为宾客提供红葡萄酒的服务　　　　　　　　　　　　　　　**被评价人**：

项　目	评价内容	权重	自评（Y/N）	他评（Y/N）
准备工作	餐台物品摆放合理、实训用品准备到位	0.5		
备酒	备酒规范	1		
示酒	站位正确	0.5		
	示酒动作规范	1		
开瓶	动作规范，操作熟练	1		
闻塞	闻塞规范，注意卫生	2		
醒酒	控制时间，操作规范	1		
试酒	操作规范	1		
斟酒	顺序正确，酒量适度	1		
	斟倒动作规范，自然大方	1		
总　分　合　计		10		

总评：　□优秀（9～10分）　　□良好（7～8分）　　□合格（6～7分）　　□待提升（5分及以下）

教师评估 及意见	

五、知识链接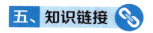

理论小知识：一图了解葡萄酒

部分葡萄酒的种类及品种如图 6-10 所示。

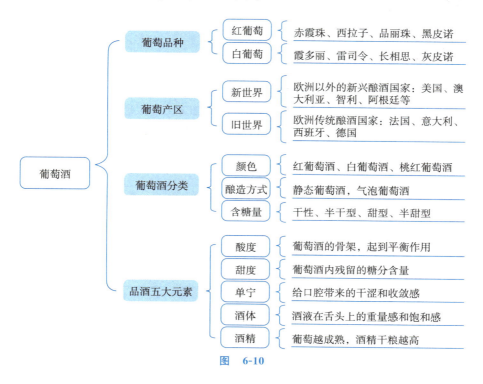

图　6-10

任务6 ▶ 西餐零点服务——餐食服务

一、实训目标

（1）掌握西餐餐食服务的规范要求。

（2）能够根据操作规程完成西餐餐食服务。

二、知识图谱

　　西餐采用分餐制，待宾客用完后，撤去空盘再上另一道菜。上菜时应遵循先女宾后男宾、先宾客后主人的原则。上菜的顺序在不同类型的西餐宴会上略有不同，如图 6-11

所示流程是全国旅游职业院校技能大赛文件中的服务流程。

| 面包服务 | → | 开胃菜服务 | → | 主菜服务 | → | 甜品服务 |

图 6-11

三、任务实施

（1）任务分配表

任务分配如表 6-26 所示。

表 6-26

任务描述	为李先生和李太太提供餐食服务，餐食服务采用美式服务方式。两位宾客分别点了"开胃菜＋主菜＋甜点"。小组接到任务后查阅相关资料，梳理餐食服务的注意事项，设计菜单。然后根据餐食服务流程和标准进行实践操作
组长	
组员	
任务分工	

（2）实训物品领取单

实训物品领取单如表 6-27 所示。

表 6-27

小组名称：			领取时间：
物品名称	数量	物品完好程度	备 注
台布	3		
展示碟	3		
开胃菜刀叉	3		
鱼刀鱼叉	3		
主菜刀叉	3		
甜品叉勺	3		
菜品	3		
领取人：			归还时间：

（3）梳理餐食服务的注意事项

（4）为李先生和李太太设计一份"开胃菜＋主菜＋甜点"的菜单

（5）根据餐食服务操作流程和标准开展实训

实训内容如表 6-28 所示。

表　6-28

步　骤	操作及说明	要　求
餐前准备	（1）备齐、检查和擦拭所需的餐具； （2）完成摆台,服务台摆放合理	（1）准备充分； （2）摆放有序
面包服务	（1）待宾客坐定后,将面包放入面包篮内,用服务叉勺或专用的面包钳从宾客左侧送到宾客的面包盘上； （2）面包盘须保留至收拾主菜盘后才能撤掉	（1）服务及时； （2）站位正确
开胃菜服务	（1）上开胃菜前,调整宾客餐具； （2）从宾客的右侧、顺时针方向为宾客上开胃菜； （3）宾客用完开胃菜后,从宾客右侧撤盘和刀、叉	（1）摆放整齐； （2）顺序正确
主菜服务	（1）展示菜肴:将主菜向宾客作短暂展示； （2）美式服务:在备餐台完成摆盘后,服务员从宾客右侧给宾客上菜； （3）调味汁:从宾客左侧上调味汁； （4）撤餐具:所有宾客用完餐后,从宾客右侧撤走主菜盘、刀、叉、胡椒碟、盐碟等； （5）面包盘可在宾客左侧撤走	（1）位置正确； （2）服务规范； （3）动作优雅

步　骤	操作及说明	要　求
甜品服务	(1) 上甜品前,除甜点所需餐具外,其他餐具和用品要清理干净; (2) 将餐桌上的甜品叉和甜品勺调整至宾客两侧,从左侧操作,先甜品叉,再甜品勺; (3) 甜品从宾客右侧上桌	(1) 有序操作; (2) 位置正确; (3) 自然大方

小贴士: 在西餐对客服务中,须遵循同步上菜、同步收拾的原则,同一桌的宾客都用完这道菜并收拾完毕后,再同时上下一道菜。

四、任务评价

西餐餐食服务评价表如表 6-29 所示。

表 6-29

实训内容: 为宾客提供餐食服务　　　　　　　　　　　　被评价人:

项　目	评价内容	权重	自评(Y/N)	他评(Y/N)
准备工作	餐台物品摆放合理、实训用品准备到位	0.5		
面包服务	左侧服务	0.5		
	服务规范	1		
开胃菜服务	调整餐具,右侧服务	1		
主菜服务	调整餐具,摆放规范	1		
	右侧上菜,位置正确	1		
	左侧上调味汁,位置正确	1		
	撤餐具位置正确、到位	1		
	规范撤面包盘	1		
甜品服务	餐桌干净整洁	1		
	餐具摆放到位	1		
总 分 合 计		10		

总评:　□优秀(9～10分)　　　□良好(7～8分)　　　□合格(6～7分)　　　□待提升(5分及以下)

教师评估 及意见	

五、知识链接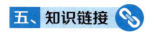

理论小知识：西餐服务方式

西餐服务方式起源于欧洲宫廷和贵族家庭，经过长时间的发展演变，逐渐为各高级西餐厅所采用。常见的服务方式有：法式服务、俄式服务、美式服务、英式服务等如表6-30所示。每一种服务方式的使用都会与餐厅的经营理念、产品特色、消费人群相匹配。近些年，许多餐厅为了经营的需要，会将两种或以上的服务方式的特点结合起来，在保留和继承传统的基础上，创造新的服务方式，以满足宾客新的需求。

表 6-30

服务方式	特 点
法式服务	法式服务注重服务流程和礼节，注重服务表演，服务周到，使每位宾客都能得到充分的照顾。服务节奏缓慢，需要较多人力，用餐费用高，空间利用率和餐位周转率都比较低
俄式服务	又称"派菜服务"，在很多方面与法式服务有相似之处，同样非常正规和讲究，宾客也能得到相当多的关照，服务效率和空间利用率都比较高，服务时使用较重的镀银餐具和用具
美式服务	又称"盘式服务"，是简单和快捷的餐饮服务方式，一名服务员可以照看数张餐台。美式服务简单，速度快，餐具和人工成本都比较低，空间利用率及餐位周转率都比较高。美式服务是西餐零点服务和西餐宴会理想的服务方式
英式服务	又称"家庭式服务"，是一种体现英伦绅士风度的服务方式。菜肴从厨房送上餐桌后，由男主人分切菜肴，并配上蔬菜盛入餐盘中，然后由服务员分别为宾客上菜，调味品、沙司等配料摆放在餐桌上，由宾客自行取用或相互传递。英式服务的家庭气氛很浓

参 考 文 献

[1] 陈春燕.前厅服务与管理[M].2 版.北京:高等教育出版社,2019.

[2] 张建国.前厅服务[M].3 版.北京:高等教育出版社,2021.

[3] 张建国.客房服务[M].2 版.北京:高等教育出版社,2022.

[4] 陈莹.客房服务与管理[M].2 版.北京:高等教育出版社,2019.

[5] 朱小彤.客房服务与管理[M].北京:高等教育出版社,2017.

[6] 汝勇健.客房服务与管理实务[M].南京:东南大学出版社,2017.

[7] 蔡杰.餐饮服务与管理[M].上海:华东师范大学出版社,2019.

[8] 李正,董道顺.餐饮服务与管理[M].芜湖:安徽师范大学出版社,2016.

[9] 张前红,石见文,张旭.餐厅服务员[M].北京:中国农业科学技术出版社,2017.

[10] 陈乃法,杨富荣,吴梅.饭店前厅客房服务与管理[M].4 版.北京:高等教育出版社,2022.

[11] 张志佳,王利荣.客房服务技能实训[M].3 版.北京:机械工业出版社,2021.

[12] 刘硕,林苏钦,武国栋.宴会设计与管理实务[M].武汉:华中科技大学出版社,2020.

[13] 陈霞,郑南山.餐厅服务实训教程[M].北京:人民邮电出版社,2015.

[14] 黄芳.酒店服务综合实训[M].上海:华东师范大学出版社,2014.

[15] 《高职考旅游服务类专业技能操作》编写组.高职考旅游服务类专业技能操作[M].成都:电子科技大学出版社,2018.